Inaugurations des Statues de Théophraste RENAUDOT. Ses principales œuvres. — La Gazette jusqu'en 1893.

PARIS. Imprimerie de **La Gazette de France,**
rue Baillif, 1 *bis*. 1893.

(7)

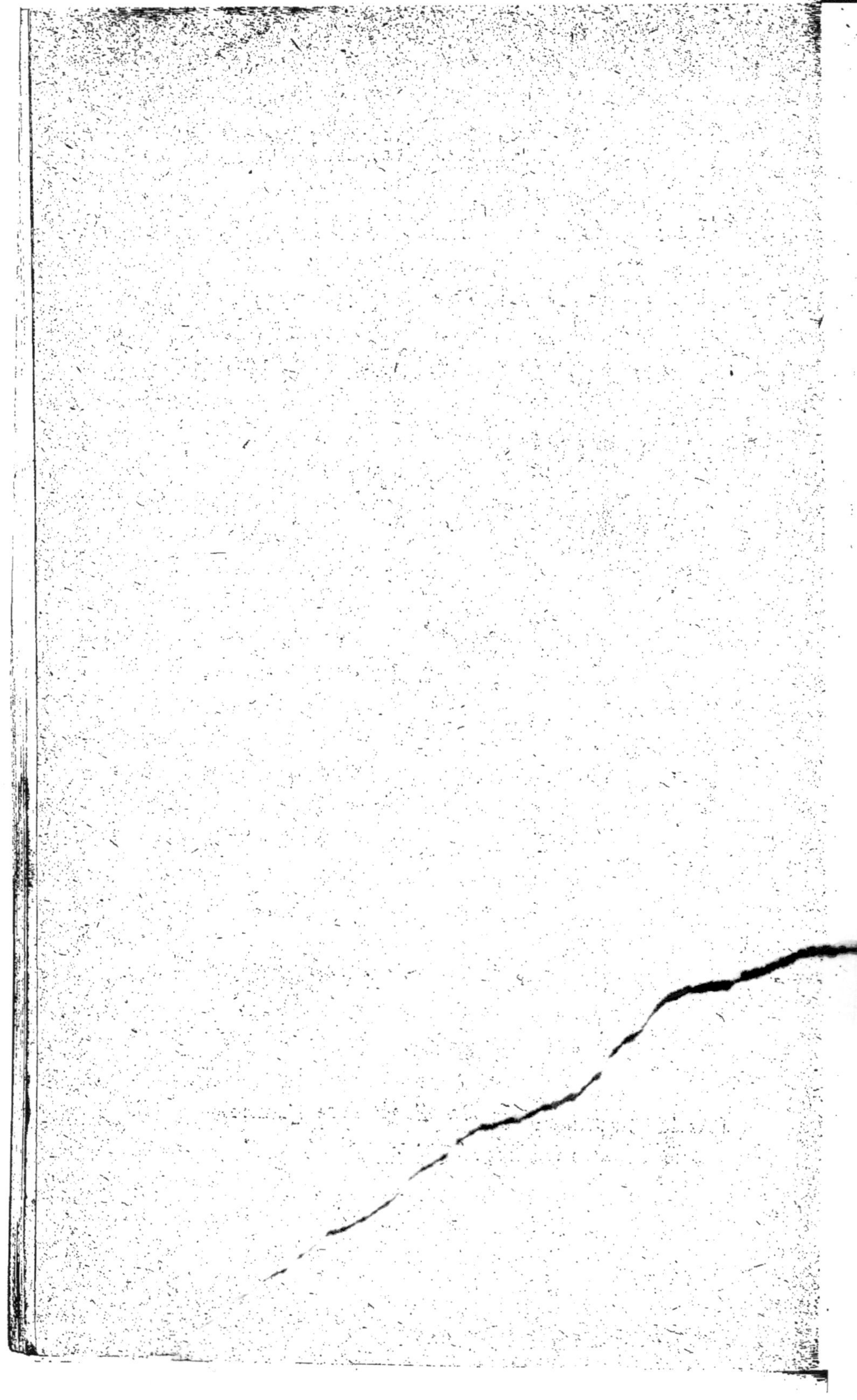

THÉOPHRASTE RENAVDOT

(1586 - 1653)

GAZETTE

DE
FRANCE

ET RELATIONS DE

toute l'Année
DEDIE'ES AV ROT.

Par THEOPHRASTE RENAVDOT, Conseiller
& Medecin de sa Majesté, Maistre & Intendant General
des Bureaux d'Adresse de France.

Au Bureau d'Addresse, au grand Coq, rüe de la Calandre,
sortant au marché neuf, pres le Palais à Paris.

M. D C. XXXI.
Auec Priuilege.

Ludouicus. XIII. Franc. et Nauar. Rex. Christianissimus. Pius. Felix. Augustus.
Anno. Ætat suæ. XXXIIII. Regni. XXV.

« Chacun sait que le Roy défunt ne lisait pas seulément mes Gazettes et n'y souffrait pas le moindre défaut, mais qu'il m'envoyait presque ordinairement des mémoires pour y employer..... »

THÉOPHRASTE RENAUDOT.

Requeste adressée à la Régente.

AV ROY.

SIRE,

C'eſt bien vne remarque digne de l'hiſtoire, que
deſſouz ſoixante-trois Roys la France, ſi curieuſe de nou-
veautez, ne ſe ſoit point avizee de publier la Gazette ou
recueil par chacune ſemaine des nouvelles tant domeſtiques
qu'eſtrangeres, à l'exemple des autres Eſtats & meſme
de tous ſes voiſins. Mais ce ne peut eſtre ſans myſtere
qu'elle ait attendu pour ce faire le vingt & vnieſme an
du Regne de Voſtre Maieſté celebre par les avantages
qu'elle a remportez ſur tous ſes ennemis, & par la proſpe-
rité de ceux qu'il luy a pleu favoriſer de ſa protection &
bien veillance. Iuſques icy l'heur & la valeur de Voſtre
Maieſtè (SIRE) ont mis les affaires de ce Royaume à
vn poinct, qui luy ſert de Panegyrique eternel & d'A-
pologie effectiue à ſon premier Miniſtre. Chacun re-
connoiſſant que Voſtre Majeſté par ſes diuins Conſeils
eſt plus abſolüe chez ſoy, plus cherie de ſes alliez, redoutee
de ſes ennemis, & reſpectee de tout le monde : bref, s'eſt
acquis plus de gloire au pres & au loin que tous ſes de-

vanciers enſemble. Ce ſont les loüanges que la verité
tire aujourd'huy des bouches autrefois les plus venimeu-
ſes, que les peres racontent à leurs enfans, & dont les
compagnies s'entretiennent pour en conſerver la memoire.
Mais, SIRE, la memoire des hommes eſt trop labile
pour luy fier toutes les merveilles dont Voſtre Maieſté va
remplir le Septentrion, & enſuite tout le continent. Il la
faut deſormais ſoulager par des eſcrits qui volent comme
en vn inſtant du Nord au Midy, voire par tous les coins
de la terre. C'eſt ce que ie fay maintenaut, SIRE, d'autant plus hardimēt que la bonté de V. M. ne dédaigne
pas la lecture de ces feüilles. Auſſi n'ont elles rien de petit
que leur volume & mon ſtile. C'eſt au reſte le iournal des
Roys & des puiſſances de la terre. Tout y eſt par eux &
pour eux qui en font le capital les autres perſonnages ne
leur ſeruent que d'acceſſoire. Ainſi Voſtre Maieſté va
prendre le meſme plaiſir (mais à meilleur titre) qu'autrefois Ænee, ſe voyant meſlé parmy les autres Princes, dans
les tableaux que ie vay peindre deſes victoires: & cependant luy offrir en toute humilité ce recueil de toutes mes
Gazettes de cette annee: laquelle ie finiray par mes prieres
à Dieu, qu'autant que ſa protectiō eſt aſſeurèe à cet Eſtat,
elle accōpagne par tout V. M. qui en eſt la vie & le bonheur inſeparable. Ce ſont les vœux & l'eſperance de cin-
quante millions d'ames, & entr'elles

SIRE,

Du tres-humble, tres-fidelle, & tres-obeyſſant
ſerviteur, & ſujet de Voſtre Majeſté.
THEOPHRASTE RENAVDOT.

PREFACE.

A nouveauté de ce deſſein, ſon vtilité, ſa difficulté
& ſon ſubiect, (mon Lecteur) vous doivent vne
preface. Si feroit bien ma condition qui ſembleroit y
repugner, ſi ie n'avoye deſia ſatisfait à ceſte obiection
en l'epiſtre liminaire du livre de mon Bureau d'Ad-
dreſſe dont il fait partie. Mais le tout auec la brieveté qui m'eſt
familiere & aucunement preſcrite par la proportion que doit avoir
la teſte auec le reſte de ſon corps : pour ne reſſembler pas à ces
peuples du Nord appellez Lappois qui ſur trois pieds de hauteur
portent vne groſſe & prodigieuſe teſte.

La publication des Gazettes eſt à la verité nouvelle, mais en Frā-
ce ſeulement, & cette nouveauté ne leur peut acquerir que de la
grace, qu'elles ſe conſerveront touſiours aiſément moyennant la
voſtre ; ſe renouvellantſ meſmes comme elles font à tous les ordinaires.

Mais ſur tout ſeront-elles maintenües par l'vtilité qu'en reçoi-
vent le public & les particuliers. Le public, pource qu'elles empeſ-
chent pluſieurs faux bruits qui ſervent ſouvent d'alumettes aux
mouvements & ſeditions inteſtines. Voire, ſi l'on en croit Ceſar
en ſes Commentaires, des le temps de nos ayeulx leur faiſoient entreprendre precipitamment des guerres dont ils ſe repentoient tout
à loiſir. Les particuliers, chacun d'eux ajuſtant volontiers ſes affaires
au modelle du temps. Ainſi le marchand ne va plus trafiquer en vne
ville aſſiegée ou ruinée, ni le ſoldat chercher employ dans les pays
où il n'y a point de guerre. Sans parler du ſoulagement qu'elles apportent à ceux qui eſcrivent à leurs amis : auſquels ils eſtoient auparavant obligez, pour contenter leur curioſité, de deſcrire laborieuſe-
ment des nouvelles le plus ſouvent inventées à plaiſir & fondées ſur
l'inceſtitude d'vn ſimple ouy dire. Encore que le ſeul contentement
que leur varieté produit ainſi frequemment, & qui ſert d'vn agrea-
ble divertiſſement és compagnies qu'elle empeſche des mediſances
& autres vices que l'oiſiveté produit, deuſt ſuffire pour les rendre
recommandables. Du moins ſont-elles en ce point exemtes de blaſ-
me, qu'elles ne font aucunement à la foule du peuple : non plus que
le reſte de mes innocentes inventions, eſtant permis à vn chacun de
s'en paſſer ſi bon luy ſemble.

b

La difficulté que ie di fe rencontrer en la compilation de mes Gazettes & nouuelles n'eft pas icy mife en auant pour en faire plus eftimer mon ouurage. Ceux qui me cognoiffent peuuent dire aux autres fi ie ne trouue pas de l'employ honorable auffi bien ailleurs qu'en ces feüilles. C'eft pour excufer mon ftile, s'il ne refpond touf-jours à la dignité de fon fujet, le fuiet à voftre humeur & tous deux à voftre merite. Les Capitaines y voudroiët rencontrer tous les iours des batailles & des fieges leuez ou des villes prifes: les plaideurs, des Arrefts en pareil cas: les perfonnes deuotieufes y cherchët les noms des Predicateurs, & apeu qu'ils ne difët des Côfeffeurs de remarque. Ceux qui n'entendent rien aux myfteres de la Cour, les y voudroiët trouuer en groffe lettre. Tel s'il a porté vn paquet en Cour, ou mené vne compagnie d'vn village à l'autre fans perte d'homme, ou payé le quart dernier de quelque mediocre office, fe fafche fi le Roy ne void fon nom dedans la Gazette. D'autres y voudroient auoir ces mots de Monfeigneur ou de Monfieur, repetez à chaque perfonne dont ie parle : à faute de remarquer que ces tiltres font icy pre-fuppofez comme trop vulgaires : joint que ces compliments eftans ob'mis en tous, ne peuuët donner jaloufie à aucun. Il s'en trouue qui ne prifent qu'vn langage fleury, d'autres qui veulent que mes re-lations femblent à vn fcelette defcharné & dénué mefme de fes nerfs & de fa peau: de forte que la narration en foit toute nuë, ce qui m'a fait effayer de contenter les vns & les autres.

Ce peut-il donc faire (mon Lecteur) que vous ne me plaigniez pas en toutes ces rencontres ? & que vous n'excuziez point ma plu-me fi elle ne peut plaire à tout le monde en quelque pofture qu'elle fe mette ? non plus que ce payfan & fon fils, quoy qu'ils fe miffent premierement feuls, & puis enfemble, tantoft à pied & tantoft fur leur afne. Et fi la crainte de defplaire à leur fiecle a empefché plu-fieurs bons Autheurs de toucher à l'hiftoire de leur âge, quelle doit eftre la difficulté d'efcrire celle de la femaine, voire du iour mefme auquel elle eft publiee? Ioignez y la brieueté du temps que l'impa-tience de noftre humeur me donne, & ie fuis bien trompé fi les plus rudes cenfeurs ne trouuent digne de quelque excufe vn ouurage qui fe doit faire en quatre heures du iour que la venuë des Couriers me laiffe toutes les femaines pour affembler, ajufter, & imprimer ces lignes. Mais non: ie me trompe eftimant par mes remonftrances tenir la bride à voftre cenfure. Ie ne le puis, & fi ie le pouuoye (mon Lecteur) ie ne le doy pas faire: cefte liberté de reprendre n'eftant pas le moindre plaifir de ce genre de lecture, & voftre plaifir & diuer-tiffement comme i'ay dit, eftant l'vne des caufes pour lefquelles cette nouueauté a efté inuentée. Ioüiffez donc à voftre aize de cette liberté Françoife : & que chacun die hardiment qu'il euft ofté cecy, ou changé cela, qu'il auroit bien mieux fait: ie le confeffe.

En vne feule chofe ne cederay ie à perfonne, en la recherche de la verité : de laquelle neantmoins ie ne me fay pas garand. Eftant

& laiſé qu'entre cinq cens nouvelles eſcrites à la haſte d'vn climat à
l'autre, il n'en eſchappe quelqu'vne à nos correſpondans qui merite
d'eſtre corrigee par ſon pere le temps. Mais encor ſe trouuera-il
peut-eſtre des perſonnes curieuſes de ſçavoir qu'en ce temps-là tel
bruit eſtoit tenu pour veritable : Et ceux qui ſe ſcandalizeront
poſſible de deux ou trois faux-bruits qu'on nous aura donné pour
veritez, feront par la incitez à debiter au public par ma plume (que
ie leur offre à ceſte fin) les nouvelles qu'ils auront plus vrayes, &
comme telles plus dignes de luy eſtre communiquees.

AUTOGRAPHE DE RENAUDOT

(Extrait photographié des actes manuscrits de la Faculté de Montpellier.)

(Traduction.)

« Moi Théophraste Renaudot de Loudun j'ai reçu le grade de bachelier le
seize janvier, sous la présidence de M. J. Pradezieux, le grade de licencié le cinq
avril, enfin le grade de docteur le douze juillet de l'an du salut mil six cent six.

« Théophraste RENAUDOT. »

INSCRIPTION MISE SUR LE SOCLE DE LA STATUE :

SEVLEMENT FERAY-JE VNE PRIERE
aux princes et aux estats
Estranges de ne perdre point
inutilement le temps à vouloir
fermer le passage à des
Gazettes VEV que c'est une
marchandise dont le commerce
ne s'est jamais peu deffendre
et qui tient cela de la nature
des torrents qu'il se
grossit par la résistence.

LES CRÉATEURS DE LA GAZETTE

Le 4 juin on a dressé sur son socle la statue de Renaudot. On élèvera une seconde statue de Renaudot en juillet.

La première à Paris, près de la maison où il établit le siège de ses « innocentes » inventions; la seconde à Loudun, sa patrie.

Depuis longtemps on se demandait comment l'homme auquel on doit le Journal et le Mont-de-Piété, et le Bureau d'adresse et de rencontre, et la Publicité commerciale et les Publications gratuites charitables pour les pauvres malades, et les Conférences libres et beaucoup d'autres choses encore, n'avait pas son bronze, son marbre, sa statue.

Bien des écrivains, de grand mérite, des médecins distingués, des philanthropes ont protesté contre cette injustice, qui prenait le caractère de la plus révoltante ingratitude.

On ne pouvait expliquer un pareil oubli!

Pour notre part, nous n'avons jamais été choqué, comme tant d'esprits éminents, qu'on n'ait pas élevé un monument à l'homme extraordinaire qui fit si simplement les grandes choses qu'on connaît.

Renaudot, on ne l'a pas assez remarqué, est peut-être le seul dont la mémoire resta vivante sans le secours du ciseau du sculpteur.

Son œuvre crie tous les jours son nom à l'Univers entier, par le Journal.

Le créateur du journal vit par sa création même.

Renaudot, à ce point de vue, est peut-être le seul pour qui la Statue fut inutile. Nous n'allons pas jusqu'à dire qu'elle le diminue, bien que nous ne croyions pas qu'une inauguration aussi officielle ajoute à la gloire de ce Grand Homme.

Pour Renaudot, on ne pouvait faire qu'une chose: donner son nom à une grande œuvre de Charité ayant un caractère éminemment national.

On entend autrement l'hommage à rendre à l'homme de bien dont les actes, l'énergie, le génie ont contribué à transformer la société française, en lui apportant de nombreuses « inventions » inspirées par le saint amour du prochain!

Renaudot aura donc ses statues. Il n'aura pas la sanction de ses œuvres.

Que peut-on dire aujourd'hui de ses créations?

Jamais temps ne fut moins favorable à leur examen historiquement impartial.

La mémoire de Renaudot est en effet, inséparable de la mémoire de Richelieu, de celle du Père Joseph, de celle de Louis XIII.

Renaudot, seul, ne pouvait que mettre sur le chantier la puissante machine qu'il avait imaginée.

C'est le génie de Richelieu qui lui donna sa haute portée.

D'emblée, le Père Joseph et le Cardinal-ministre comprirent qu'il y avait là plus qu'un moyen de distraire la Cour et d'amuser la Ville.

Ils voyaient clairement qu'on pourrait agir puissamment sur l'esprit du peuple et des peuples par ces *Gazettes*, rédigées dans le cabinet même de celui qui poursuivait le but politique qu'on connaît.

La vérité est que, dès son apparition, la **Gazette** se présentait dans toute sa puissance, en affirmant sa très haute destinée.

Renaudot, l'éditeur responsable de ses « Gazettes », fut vivement pris à partie par les jaloux, les envieux et les sots, c'est lui-même qui le dit, mais il put repousser les assauts qu'on lui livrait sur tant de points différents, parce qu'il avait pour lui le Roi et le Cardinal de Richelieu, et Mazarin qui se servit plus qu'un autre de l'invention de son « compère ».

Les **Gazettes** jouirent donc, dès leur premier numéro, d'une autorité indiscutable, parce que nul n'ignorait qu'elles étaient une arme dans les mains du Roi et du Cardinal.

On n'allait pas y chercher ce que pensait Renaudot de la marche des événements de l'Europe, mais bien ce que le Roi et son ministre voulaient qu'on en pensât et qu'on en connût. C'est là ce qui donne un caractère tout particulier à « l'Invention » de Renaudot; nous ne saurions trop insister sur ce point.

Les **Gazettes** ont été un moyen de gouvernement.

Richelieu voulait fortifier le Pouvoir Royal et les Droits de la Nation en les appuyant sur les deux fortes assises dont il trouvait les racines dans notre tradition historique.

Il était tout naturel qu'il vît dans les **Gazettes** un instrument merveilleusement approprié à la fin de cette politique. Par elles le Chef de l'État et ses ministres étaient en communication constante, quotidienne, pour ainsi dire, avec ce Peuple sur lequel ils comptaient pour avoir raison des résistances qu'ils rencontraient dans une Aristocratie présompteuse et frondeuse, ainsi que dans les Parlementaires usurpateurs et révolutionnaires.

Voici ce que M. Gilles de la Tourette dit dans son étude sur Renaudot :

« Quels étaient, d'une façon précise, les collaborateurs de Renaudot? Nous savons déjà qu'il était indissolublement lié à la politique de Richelieu, et que c'était dans le cabinet de celui-ci, en compagnie du Père Joseph, qu'il composait son journal.

« Mais Richelieu faisait mieux que de donner des conseils, il donnait des articles écrits de sa main, et Louis XIII lui-même comptait au nombre des collaborateurs de la **Gazette** :

« Chacun sçay, dit Renaudot, que le Roy défunct ne lisoit pas « seulement mes Gazettes, mais qu'il m'envoyoit presque ordinai- « rement des mémoires pour y employer. »

« Le Roy, dit le Père Griffet, un des historiens du règne de Louis XIII (1), ne dédaignait pas de composer lui-même des articles entiers qu'il envoyait ensuite à Renaudot, qui les faisait imprimer avec ceux qui étaient de lui. On voit la preuve dans deux volumes de Béthune qui sont à la Bibliothèque du Roy, et qui ne contiennent que les minutes de ces différents articles écrits de la propre main de Louis XIII, avec une quantité de ratures et de corrections faites au crayon et à la plume qui sont toutes de la même main. Il y a une note dans le premier de ces deux volumes qui porte que ce manuscrit était entre les mains d'un des valets de chambre de Louis XIII, nommé Louis, qui avait ordre de le porter partout où il allait avec le Roy. »

Il ne faudrait pas cependant chercher dans les *Gazettes* de Renaudot un exposé des questions comme nous le concevons aujourd'hui, encore moins des discussions doctrinales.

Il n'y a pas l'ombre de ce qu'on appelle une polémique dans ces « Gazettes-là ».

Ce n'est que beaucoup plus tard que ce genre de journalisme a été introduit dans les feuilles publiques.

La polémique existait cependant, furieuse, ardente, avec toutes les ressources qu'elle puise dans la mauvaise foi, sa vilaine voisine ;

---

(1) Cité par Hatin, *Bibliographie de la presse.*

mais on ne l'utilisait que dans les discussions littéraires, médicales et surtout personnelles. Renaudot a prouvé, par les nombreux Mémoires qu'il a rédigés pour la défense de sa cause, qu'il était passé maître dans ce genre d'escrime. C'était un maître en tout, d'ailleurs.

Pour apprécier à leur juste valeur les divers documents qui vont suivre et que nous avons tenu à reproduire en dépit de leur apparente aridité, il ne faut pas oublier que les chefs de l'État qui se succédaient, comprenant l'utilité qu'offrait ce moyen puissant de parler à tous, défendaient l'œuvre de Renaudot comme leur œuvre propre.

Et, de fait, si Renaudot a créé les « Gazettes », elles ont été fécondées par Richelieu, le Père Joseph et Louis XIII dont on ne peut séparer les noms si l'on veut expliquer comment cette création, tentée auparavant en divers autres pays, ne réussit qu'en France.

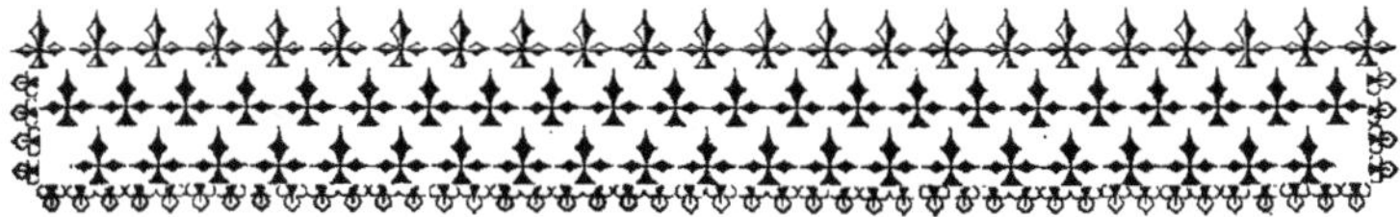

1

RENAUDOT, COMMISSAIRE GÉNÉRAL DES PAUVRES DU ROYAUME

Voici le texte du premier brevet que Théophraste Renaudot obtint pour appliquer ses moyens de venir en aide aux pauvres.

Il constitue officiellement, en faveur de Renaudot, la charge de *Commissaire général des pauvres du royaume* :

Aujourd'hui 14ᵉ jour d'octobre 1612, le Roy estant à Paris, désirant gratifier et favorablement traitter Théophraste Renaudot, l'un de ses médecins ordinaires, lequel Sa Majesté sur l'advis qu'elle a eu de sa capacité, a fait venir exprès en cette ville *pour s'employer au règlement général des pauvres de son royaume*, Sa dite Majesté pour les bons et agréables services qu'il lui a rendus et pour les frais de ses voyages, luy a fait don de la somme de six cents livres, dont il sera payé contant par le trésorier de son espargne, auquel est mandé ce faire par et en vertu du présent brevet. Par lequel, en outre, Sa Majesté a accordé audit Renaudot et aux siens ou qui auront droit de luy, les permission et privilége, exclusivement à tous autres, de faire tenir Bureaux et registres d'Adresses de toutes commoditez réciproques de ses sujets ; en tous les lieux de son royaume et terres de son obéissance qu'il verra bon estre. Ensemble de mettre en pratique et établir toutes les autres inventions et moyens par luy recouverts pour l'employ des pauvres valides et traitement des invalides et malades, et généralement tout ce qui sera utile et convenable au réglement desdits pauvres, avec défences à tous autres qu'à ceux qui auront pouvoir exprès dudit Renaudot, d'imiter, altérer ou contrefaire sesdites inventions en tout ou en partie, ny mesmement lesdits bureaux registres et tables d'adresse et de rencontre, à peine de six mille livres d'amende, applicables un tiers à Sadite Majesté, un autre au dénonciateur, et l'autre

RICHELIEU

« On sait que Richelieu prenait un intérêt tout particulier à la **Gazette**, qu'il regardait comme un puissant moyen de gouvernement; il y envoyait des articles entiers et y faisait insérer ce qu'il avait intérêt à faire connaître à l'Europe. »

Eugène HATIN.

tiers audit Renaudot, auquel Sa Majesté veut toutes Lettres nécessaires en estre expédiées en conséquence du présent brevet, quelle a pour ce signé de sa main et fait contresigner par moy son conseiller secretaire d'Estat de ses commandements et finances.

Signé *Louis.*

Par le Roy,

la Reyne régente sa mère présente : *De Lomenie.*

II

LE BUREAU D'ADRESSE

Renaudot cite ce curieux passage des *Essais* de Montaigne, pour démontrer que d'autres que lui avaient reconnu la nécessité de la création à laquelle il s'était passionnément attaché :

Feu mon père, home pour n'estre aydé que de l'expérience et du naturel, d'un jugement bien net, m'a dit autrefois qu'il avoit désiré mettre en train quil y eust ez villes certain lieu désigné auquel ceux qui avoient besoin de quelque chose se pourroient adresser et faire enregistrer leurs affaires à un officier estably pour cet effect. Come je cherche à vendre des perles, je cherche des perles à achepter ; tel veut compaignie pour aller à Paris ; tel s'enquiert d'un serviteur de telle qualité, tel d'un maistre ; tel demande un ouvrier, qui cecy, qui cela, chacun selon son besoin. Et semble que ce moyen de nous entr'advertir apporteroit une légère commodité au commerce public. Car à tous coups il y a des conditions qui s'entre cherchent et pour ne s'entendre laissent les hommes en extrême nécessité. J'entens avec une grande honte de notre siècle, qu'à nostre veuë deux très excellens personnages en scavoir sont morts de n'avoir pas leur saoul à manger, Lilius Grégorius Giraldus en Italie, Sebastianus Castilio en Allemagne. Et croy qu'il y a mille hommes qui les eussent appellez avec de très-avantageuses comissions, ou les eussent secourus où ils étaient s'ils l'eussent sceu. Le monde n'est pas si généralement corrompu que je ne sache tel homme qui souhaiteroit de bien grande affection que les moyens que les siens luy ont mis en main, se puissent employer à mettre à l'abry de la nécessité les personnes rares et remarquables en quelque espèce de valeur que le malheur conduit quelquefois à l'extrémité, et qui les mestroit pour le moins en tel estat qu'il ne tiendroit qu'à faute de bons discours s'ils n'estoient contents.

Renaudot voulait que chacun comprît bien le côté utile de son institution :

Pour exemple, il écrivait : je cherche à donner à ferme une terre, un autre cherche à prendre une terre à ferme ; faute de se s'entre-connaître il ne se passe point de bail : le seigneur direct en est plus mal payé de ses devoirs ; le propriétaire, incommodé ; le fermier demeure sans emploi ; le notaire ne passe point d'instrument ; le proxenète n'a point le pot-de-vin ; la terre n'est point du tout ou mal cultivée : conséquemment l'héritage en décadence, moins de fruits, moins d'occupation pour les hommes de labeur, et moins d'ouvrages et de manufactures pour toute sorte d'artisans servant au labourage, vêtement et nourriture de ceux que l'oisiveté appauvrissante empêche de pouvoir acheter, et possible encore moins de quoi s'exercer à ceux qui vivent des affaires d'autrui, lesquelles se multiplient par les négoces, comme elles se diminuent faute d'iceux. Car qui est-ce qui ne voit pas que plus il se passe d'affaires entre les particuliers, et plus les solliciteurs, les procureurs, les avocats, les juges, voire les plus éloignés de telles considérations, y trouvent néanmoins de quoi maintenir avec honneur la dignité de leur charge, qui sans cet emploi deviendrait un titre inutile et sans respect, vu la malice du siècle, qui n'estime que ceux qui lui sont nécessaires.

Et encore :

Je sais bien que l'introduction de ces Bureaux ne sera pas seule entre toutes les autres exempte de difficultés. Il s'en trouvera qui blasmeront mon courage de s'estre porté à une si haute entreprise, sans que la despense qu'il me faut continuer pour le bien de cet œuvre m'en ayt destourné. A cela je respons que, me reconnoissant né au bien public, auquel j'ai sacrifié le plus beau de mon aage, sans autre récompense que celle dont la vertu se paye par ses mains, il seroit désormais trop tard d'espargner, comme on dit, le fond du tonneau après avoir été prodigue du reste.

C'est pourquoy nous commencerons par la prière qui est faite à chacun, de vouloir conférer au bien et utilité des pauvres tout ce qu'il estimera pouvoir servir, soit à leur réglement général ou particulier, soit au soulagement de chacun d'eux, pour faciliter leur logement, vestement, nourriture, traitement en maladie, et donner principalement de l'employ aux valides, la plus nécessaire aumosne qu'on puisse leur départir.

Dans l'*Inventaire du Bureau d'adresse*, on lit ces très curieuses conditions :

XII. — Les conditions sous lesquelles notre Bureau s'entremet de ces charitez sont : qu'il laissera l'honneur entier et tous les avantages que les autheurs se voudront promettre de leurs ouvertures et inventions concernants le réglement, police et administration desdits pauvres, et fera fidèlement enregistrer, sous le nom des autheurs d'icelles, toutes les propositions qui seront faites à cette fin, ou autre commodité publique, leur en donnant certificats authentiques pour leur servir en temps et lieu.

XIII. — La seconde condition : que ledit Bureau ne s'entend charger d'aucuns deniers, ni de chose quelconque dont l'on voudroit faire l'aumosne ausdits pauvres ou l'employer en autres œuvres pies. Ains seulement, donnera l'addresse et indiquera aux personnes pieuses qui voudront aumosner quelque chose, les pauvres honteux et autres nécessiteux qui se seront venus faire inscrire audit Bureau : et pareillement, adressera lesdits pauvres honteux à ceux qui voudront leur faire du bien, lequel ils recevront de la propre main de leurs bienfaiteurs ou de ceux à qui ils en donneront charge hors dudit Bureau.

XXI. — Les pauvres artizans et autres menues gens malades qui, faute d'une saignée ou de quelqu'autre léger remède, encourent souvent de longues et périlleuses maladies, qui réduisent souvent leur famille à l'Hostel-Dieu, trouveront icy l'adresse de médecins, chirurgiens et apothicaires, qui sans doute ne voudront pas céder à d'autres l'honneur de consulter, soigner et préparer gratuitement quelques remèdes à ces pauvres gens qu'on leur adressera ; mais au contraire, se trouvera une aussi grande émulation entre ceux-ci à exercer cette charité qu'en leurs autres actions, qui leur fera envoyer leurs noms au Bureau pour estre employez à ce bon œuvre, comme ils en sont icy priés.

2

Voici comment on fit connaître l'installation définitive du Bureau d'adresse :

DE PAR LE ROY

On fait assavoir à toutes personnes qui voudront vendre, achepter, louer, permuter, prester, apprendre, enseigner : aux maistres qui veulent prendre des serviteurs et à ceux qui cherchent condition pour servir en quelque qualité que ce soit : à ceux qui auront les lieux, commoditez et industries propres pour estre employez à quelques-unes des choses mentionnées en ce présent livre, ou qui auront d'autres advis à donner ou recevoir pour toutes sortes d'affaires, négoces et commodités quelconques, qu'ils y seront reçus indifféremment, sans qu'on y préfère ou favorise aucun aultre que celuy qui fera la condition du public meilleure ; et qu'ils se pourront addresser au Bureau estably par Sa Majesté pour la commodité publique, qui est ouvert depuis huict heures du matin jusques à midy et depuis deux jusques à six de relevée, ausquelles heures chacun sera reçu à y venir ou envoyer donner et rencontrer l'adresse qu'il désirera.

Ledit Bureau d'adresse se tient près le Palais, rue de la Calandre, et au Marché-Neuf, à l'enseigne du Coq.

Une ordonnance du 31 mars 1628 porte qu'on ne pourra prélever un droit de plus de « trois sous, pour chacun enregistrement ou *extrait* desdits registres et *gratuitement pour les pauvres*, et sans qu'aucun soit contraint de se servir desdits Bureaux, tables et registres, si bon ne lui semble »

La disposition suivante, qui se trouve dans l'ordonnance du 31 mars 1628, fait connaître le mécanisme de l'entreprise :

A la charge que ceux qui se seront faits enregistrer, seront tenus de venir faire descharger le registre dans vingt-quatre heures après qu'ils auront rencontré la chose pour laquelle ils s'estoient fait inscrire et à l'instant mesme qu'ils auront changé d'avis, en cas qu'ils en vinssent à changer, sous les peines auxquelles ils se soumettront lors dudit enregistrement, et ce, pour obvier à l'incommodité qui adviendroit en addressant les personnes aux lieux où elles ne trouveroient plus ceux qui se seroient inscrits : ce qui priveroit lesdits Bureaux de l'utilité que le public en attend ; et pour laquelle descharge il ne sera rien payé.

Voici la copie d'une des feuilles délivrées et vendues par le Bureau d'adresse ou à l'aide d'entremetteurs, crieurs et vendeurs ambulants :

1 : Maisons à donner à loyer :

Une maison du quartier du Pont-Neuf, consistant en deux portes cochères, deux caves, cuisine, puis grande salle, sept chambres avec leurs bouges et cabinets, du prix de douze cents livres.

22 : Meubles à vendre : un habit neuf de drap du sceau écarlate qui n'est pas encore achevé, doublé de satin de mesme couleur avec un galon d'argent, le prix de 18 escus.

Affaires meslées : 33 : On prestera à constitution de rente, la somme de mil livres en une partie, mesme au denier vingt, pourveu que ce soit à quelque communauté.

35 : On vendra un jeune dromadaire à prix raisonnable.

L'ordonnance suivante prouve que l'œuvre n'a pas tardé à être utilisée par l'Administration :

Ordonnance pour ceux qui arrivent dans Paris pour y chercher maistres et autres faits de police.

Sur les remontrances à nous faites par plusieurs artisans et gens de mestier, qu'ils ne peuvent avoir de compagnons dans leurs boutiques qui ne soient incontinent desbauchés par ceux qui reviennent des armées : lesquels, après leur avoir fait manger le peu d'argent qu'ils ont gaigné sous les maistres, les portent à suivre leurs desbauches et à vivre d'inventions comme eux, ne pouvant plus se réduire à travailler après avoir gousté cette liberté qui fait que lesdits artisans manquent bien souvent à parfaire les ouvrages par eux entrepris et ne peuvent servir le public qu'avec beaucoup de longueur et de diffficulté ; en sorte qu'on void à présent plus de maistres chercher des compagnons qu'on ne void des compagnons chercher des maistres, soit au *Bureau d'adresse* ou des *Clercs des mestiers;* contre les anciennes règles de la police, qui enjoignent aux compagnons de mestier de se retirer chez les maistres vingt-quatre heures après qu'ils sont arrivez en cette ville, à peine d'estre tenus pour vagabonds et gens sans adveu, comme en effet ils deviennent tels dès qu'ils ont fréquenté des filoux et ne se servent de leur qualité de compagnons de mestier que pour se garantir des recherches des commissaires, auxquels ils font entendre, quand ils sont trouvez sur le pavé, qu'ils viennent fraischement d'arriver en cette ville, et n'ont encore eu le loisir de trouver condition ; ce qui ne peut estre éclairé par les registres de leurs hostes, pource que, ce sont pauvres gens qui logent le plus particulièrement aux extrémités de la ville et aux faulxbourgs, et ne savent ni lire ni escrire sur leur registre suivant les règlements : de sorte que, nos ordonnances de police, publiées depuis le mois d'octobre dernier, ne peuvent remédier à ce désordre, ni avoir effect à l'égard desdits compagnons de mestiers et autres gens de condition servile, s'il n'y est par nous activement pourveu. C'est pourquoy, après avoir ouy le procureur du Roy, nous avons ordonné que nos précédentes ordonnances et réglements de police faits pour les postillons, cabaretiers et autres qui logent en chambres garnies au mois, à la semaine ou à la journée, seront exécutez selon leur forme et teneur et en les interprétant : que toutes sortes de gens qui logent et retirent les manouvriers, compagnons de mestier et autres gens de condition servile seront tenus, s'ils savent escrire, de tenir registre de leurs noms, du mestier dont ils font profession, du lieu de leur naissance et du jour et de l'heure qu'ils entrent en leurs maisons : *sinon les méneront au Bureau d'adresse* pour y faire la mesme déclaration, et porteront de jour en jour les registres ou l'extrait qu'ils retireront dudit Bureau d'adresse aux commissaires de leurs quartiers : à peine de respondre par lesdits hostes en leurs noms des mauvaises actions que lesdits compagnons de mestier, manœuvres et autres, qui logeront chez eux, pourront commettre et de 500 livres d'amende. Comme aussi, seront tenus tous ceux qui chercheront maistre, de se *faire inscrire audit Bureau dans les vingt-quatre heures de leur arrivée* en cette ville, et de prendre les conditions qui leur seront indiquées audit Bureau, à peine des galères, comme vagabonds et gens sans adveu : et pource qu'il s'en pourra trouver de si pauvres qu'ils n'auront moyen de payer le droit qui se prend audit Bureau, les commis dudit Bureau en recevront les déclarations des pauvres, et leur en délivreront des extraits *gratuitement*, sauf à répéter leurs droits lorsqu'ils leur en auront fait trouver condition.

Signée, LAFFENAS, 16 décembre 1639.

III

LES BUREAUX DE VENTE, DE PRÊTS ET LE MONT-DE-PIÉTÉ

*« Bureaux de vente à grâce, troques et rachats
de meubles et autres biens quelconques. »*

On va voir ce que Renaudot voulait faire par cette innocente invention :

Y ayant bien quelques personnes qui ont le loisir d'y venir (au Bureau), ou envoyer quérir le billet contenant l'adresse des choses dont ils se veulent accomoder, mais beaucoup plus grand nombre d'autres qui, tenans de l'impatience familière à nostre nation, perdent la volonté des choses si elles ne sont présentes. Joint que l'adresse se faisant quelquefois à l'un des bouts de cette ville ou faulxbourgs de Paris, et possible vers un estranger qui en estoit délogé le jour d'auparavant pour s'en retourner en son païs, ou vers quelque autre qui avait disposé de son affaire sans en venir faire descharger le registre du Bureau, comme il s'y estoit obligé, donnoit quelquefois une peine inutile qui apportait du desgout. Au lieu qu'à présent, les deux parties, si elles le désirent, se rencontreront dans le Bureau, qui sera, par ce moyen, un vrai Bureau de rencontre, comme porte son nom et institution : où du moins la chose, dont on se voudra accomoder, s'y trouvera avec son juste prix : de laquelle on se pourra approprier sur-le-champ, par l'intervention d'un des commis du Bureau qui aura pouvoir d'en traiter, et ainsi on n'y viendra plus à faux. Car tous y trouveront, aux heures cy après déclarées, certaine response à leurs demandes : et notamment, quiconque y voudra apporter des hardes, meubles, marchandises, les mémoires d'autres biens généralement quelconques et choses licites à luy apparnants, sera asseuré de ne s'en retourner point sans quelque contentement.

On lit dans une conférence qui avait eu lieu au Bureau d'adresse :

Afin que cette institution puisse véritablement mériter le beau nom qu'on luy donne, *il seroit à désirer que ce prest fut gratuit*, selon le précepte de l'Évangile : « Prestez sans rien espérer », conformément à l'ancienne loy de Dieu qui défendoit aux Juifs de ne rien prendre à leurs frères outre le fort principal. En récompense de quoy ils ont partout usé de tels excez envers les autres peuples que leur usure a tourné en proverbe pour témoigner une exaction démesurée et odieuse à tout le monde. *Il faut que en un Estat les riches aident aux pauvres, son harmonie cessant lorsqu'il y a partie d'enflée outre mesure, les autres demeurant atrophiées.*

De quelques règlements très curieux s'y rapportant :

L'ordre qu'on y observe est : que celuy qui aura quelque bague, tapisserie ou autres hardes et meubles à vendre, en envoye le mémoire au bureau, afin que l'un des *enquesteurs* du bureau aille à l'instant faire sa perquisition sous main, si lesdites choses ne sortent pas d'un *lieu infecté de quelque maladie contagieuse*, et si elles ne sont dérobées, et qu'en l'un ou l'autre desdits cas, elles ne soient reçues audit bureau.

Comme aussi, l'enquesteur ayant fait son rapport du contraire, lesdites choses seront exposées en vente au plus offrant et dernier enchérisseur si le *propriétaire le désire*, pour estre vendues purement ou simplement ou eschangées, sinon, elles seront montrées à l'un des *estimateurs,* lequel les apprétiera en conscience, selon qu'il croira qu'elles pourront estre vendues dans le temps dont on conviendra, et non selon leur présente valeur ; déduisant du prix de l'estimation le dépérissement qui s'en pourra faire pendant ce temps-là. Laquelle apprétiation il signera sur le registre ; et, en outre, attachera la moitié d'un morceau de parchemin de luy parafé, à la chose apprétiée ; en telle sorte que ledit parchemin ne pourra estre osté sans rompre le cachet dont l'estimateur l'aura cachetée en mesme temps. L'autre moitié duquel parchemin, avec partie dudit parafe, contenant le numéro du feuillet et article du livre où l'enregistrement en aura esté fait, sera donné à celuy auquel appartiendra ladite chose, ou qui aura pouvoir de luy ; et la chose ainsi étiquettée et pareillement marquée de son numéro, sera délivrée ès mains du garde-meubles du bureau, lequel sera tenu de le garder ou faire garder soigneusement et représenter lorsqu'elle luy sera demandée. Et en mesme temps, le caissier délivrera audit vendeur, ou ayant pouvoir spécial de luy, les deux tiers de l'estimation, s'il déclare qu'il vend ladite chose à grâce et faculté de rachapt et pour quel temps... Autrement, la chose sera vendue purement et simplement au premier jour de vente qui se fera audit bureau immédiatement après ledit temps expiré, en sa présence ou absence, sans aucune autre signification que celle qui luy en a esté faite de bouche en lui baillant ladite somme lors de la vente à grâce, et le *surplus* (si aucun est) *sera rendu au précédent propriétaire de la chose*, ou autre ayant pouvoir de luy, s'ils le viennent requérir dans un an et demi pour tous délais ; lequel temps passé ils n'y seront plus reçus. Et sera pour cet effet le bureau ouvert depuis huit heures jusqu'à onze heures du matin et depuis deux heures jusqu'à cinq de relevée... La chose, comme il a esté dit, sera vendue à jours et heures solennelles, afin que chacun en estant adverty s'y puisse trouver pour enchérir ou faire enchérir les choses au plus haut prix que faire se pourra. Et pour ce qu'il se trouve desjà un grand nombre de choses à vendre audit bureau, tous ceux qui s'y voudront trouver pour la condition du public et des particuliers meilleure, sont advertis que l'ouverture desdites ventes, troques et achapts, se fera samedy prochain seizième de ce présent mois de may, depuis deux heures jusqu'à cinq heures après-midy, en la cour et grande salle du bureau, où sera affichée la liste de l'argenterie, perles, pierreries, tableaux, figures, médailles et autres pièces de cabinet, et généralement de tous les meubles qui seront lors exposés en vente. Lequel jour de samedy ayant depuis esté trouvé incommode, à cause que la pluspart de ceux qui s'y devoient trouver pour enchérir et faire valoir les choses exposées en vente au profict des parties estoient ce jour-là occupés ailleurs, ladite vente publique a esté remise aux jeudis de chaque semaine à la mesme heure.

Voici comment Renaudot résumait son œuvre et indiquait le but que cet ardent chrétien avait voulu atteindre :

A toute heure, les pauvres y trouveront gratuitement avis des commodités et occasions qu'il y aura de gagner leur vie, la plus charitable aumosne qu'on leur puisse despartir.

Et, comme les jugements sont divers, d'autres abbaisseront si fort cet employ au-dessous de ma charge qu'ils tascheront à me rendre par là méprisable. Pauvres gens qui ne considèrent pas que ce n'est point tant le sujet comme la façon de le traitter et les personnes qui s'en meslent d'où les occupations s'appellent basses et relevées. Agis estoit toujours Agis mesme au bas bout, Caton toujours luy, dans sa charge de nettoyer les rües... Ouy, le grand cardinal ayant donné souvent ses suffrages à ce mien projet, il n'a rien désormais en soy que de grand et de magnifique.

IV

RENAUDOT, FONDATEUR DE LA 𝕲𝖆𝖟𝖊𝖙𝖙𝖊

C'est à l'ouvrage remarquable de M. Eugène Hatin : *Histoire politique et littéraire de la presse en France*, que nous empruntons ce qu'on va lire :

« Renaudot était né à Loudun en 1584. Après avoir étudié la chirurgie à Paris, il était allé se faire recevoir docteur à Montpellier; il avait ensuite voyagé pendant plusieurs années. Revenu dans sa ville natale, il y exerça son art avec tant de succès, que sa réputation s'étendit bientôt dans tout le Poitou et dans les provinces environnantes. Mais Renaudot ne tarda pas à trouver ce théâtre trop étroit. Il revint donc à Paris en 1612, et il obtint, dès son arrivée, le titre de médecin du roi. A en croire ses détracteurs, ce n'était là qu'un vain titre, et, pour vivre, il aurait été obligé d'ouvrir une école. Qu'importe, après tout? Les difficultés qu'il eut à vaincre ne sauraient amoindrir son mérite, et l'envie qui s'attache à ses premiers pas milite en sa faveur.

« Quoi qu'il en soit, Renaudot eut le grand art de mettre le public dans ses intérêts, et de se faire de puissants protecteurs. Richelieu, qui se connaissait en hommes, le distingua bientôt et lui donna l'office de commissaire général des pauvres valides et invalides du royaume.

« Renaudot méritait cette faveur à plus d'un titre. La chimie, qui était encore dans son enfance, commençait à fournir à la médecine quelques curatifs nouveaux, contre lesquels tonnait la Faculté de Paris. Renaudot, qui cherchait le progrès partout, se montra un des plus ardents à exploiter cette mine nouvelle, et, en dépit de la routine, ses *remèdes chimiques* eurent un succès d'autant plus grand, qu'il les donnait gratuitement aux pauvres, avec ses consultations.

« En effet, soit par un sentiment d'humanité, soit par calcul, il s'était fait le commissaire officieux, mais qualifié et breveté, des pauvres et des malades, de ceux qui ne voulaient pas entrer dans les hôpitaux, qui préféraient être traités à domicile : il se chargeait de leur procurer *gratis* médecins et médicaments.

« On savait à peine, en France, au commencement du dix-septième siècle, ce que pouvait être, je ne dirai pas un journal dans l'acception actuelle de ce mot, mais même un recueil périodique; on manquait presque absolument de moyens de publicité, ou l'on n'en avait que de très élémentaires; il n'y avait guère plus de publicité commerciale que de publicité politique. Ce n'était que par ouï-dire que l'on connaissait les événements, et ce que l'on voulait faire savoir au public, on n'avait d'autre ressource que de le faire crier par les rues. Pour avoir une idée de ce que devaient être alors les relations sociales à ce point de vue, qu'on se figure, si l'on peut, ce qui adviendrait si les journaux et les affiches venaient tout à coup à être supprimés. Ce fut Renaudot qui porta la lumière dans ce chaos.

LE PÈRE JOSEPH

« Nous ignorons les circonstances de cet enfantement, qui, selon toutes les probabilités, dut être assez laborieux. Renaudot, nous le savons par lui-même, avait annoncé sa nouvelle invention par un prospectus que nous aurions été bien curieux de voir, mais il nous a été impossible d'en trouver la moindre trace. Tout ce que nous savons, c'est que Richelieu, auquel il dut s'adresser pour obtenir l'autorisation nécessaire, s'empressa de la lui accorder, ayant bien vite compris de quelle importance serait pour le Gouvernement une feuille qui raconterait les événements sous la dictée et dans le sens du pouvoir.

« Renaudot donna à sa feuille le titre de **Gazette**, employé depuis longtemps déjà, comme nous l'avons vu, pour désigner les nouvelles à la main, et qu'il choisit « pour être plus connu du vulgaire, avec lequel il « fallait parler (1) ».

« Le premier numéro parut le 30 mai 1631.

« C'est par induction que nous donnons cette date, que nous n'avons trouvée nulle part; mais pourtant nous la croyons exacte. Les premières Gazettes, en effet, ne portent ni date ni numéro d'ordre, mais seulement une signature alphabétique. Ce n'est qu'au sixième numéro, marqué de la signature F, que l'on rencontre, à la fin, une date, 4 juillet 1631. Or, comme la Gazette paraissait tous les huit jours, nous trouvons, en remontant, pour la date du premier numéro, le 30 mai.

« Dans tous les cas, ce n'est certainement pas dans le mois d'avril que commença la publication de la **Gazette**, comme l'ont avancé plusieurs bibliographes, puisque la plupart des faits du premier numéro sont datés du mois de mai.

« Fort de l'appui du pouvoir et de la faveur publique, Renaudot poursuit son œuvre sans se laisser ébranler. On voit pourtant que ces attaques continuelles l'inquiètent et l'irritent. Pendant deux ans, il se croit obligé d'y répondre une fois par mois, tout en s'avouant à lui-même qu'il ne réussira point à convaincre ses détracteurs : « car, dit-il quelque part, mon « récit étant l'image des choses présentes, non plus qu'elles il ne saurait « plaire à tout le monde. »

« Cependant le succès d'une pareille entreprise ne pouvait être un instant douteux en France : aussi fut-il rapide et grand. Dès 1633, Renaudot se place au-dessus des petites jalousies; il méprise leurs morsures impuissantes, et parle en homme qui est sûr de sa force :

Les suffrages de la voix publique m'épargnent désormais de répondre aux objections auxquelles l'introduction que j'ai faite en France des gazettes donnait lieu lorsqu'elle était encore nouvelle : car, maintenant, la chose en est venue à ce point, qu'au lieu de satisfaire à ceux à qui l'expérience n'en aura pu faire avouer l'utilité, on ne les menacerait de rien moins que des petites-maisons. Seulement ferai-je, en ce lieu, aux princes

---

(1) La première fois que nous voyons ce mot imprimé, c'est en tête d'un petit livre d'un écrivain forésien, la *Gazzette françoise*, par Marcellin Allard, imprimée en 1604. Il devait être alors bien nouveau, car il ne figure pas dans le *Thresor de la langue françoise* de Nicot, qui parut à un ou deux ans de là, en 1606. Mais cette *Gazzette françoise* d'Allard n'est point un journal, comme le pourrait faire supposer ce titre, d'ailleurs assez remarquable; c'est une sorte de salmigondis, de pot-pourri, comme il le dit lui-même, contenant l'histoire allégorique de Saint-Étienne. « Que doit donc attendre celui qui, ayant veu à l'ouverture de ce livre le mot *gazzette*, qui n'est autre chose que nouvelles et advis sans suite ny sans ordre, selon que le temps les produit et quelquefois la fantaisie, voudroit néanmoins y voir observer les parties et perfections cosmographiques... C'est icy non-seulement une forme de *saugrenée* ou *pot-pourri*, contenant toutes sortes d'instructions et de discours agréables en leur diverse variété, et riches en leur recherche curieuse, mais l'histoire admirable d'une guerre faite à tout rompre... » C'est « un petit bouquet qu'il a fait de diverses fleurs recueillies en divers florissants jardins, et lié de la soie crue de son industrie ».

Nous avons cité ci-dessus une petite pièce en vers, de 1609, portant aussi le titre de *Gazette*.

et aux États étrangers, la prière de ne perdre point inutilement le temps à vouloir fermer le passage à mes nouvelles, vu que c'est une marchandise dont le commerce ne s'est jamais pu défendre, et qui tient de la nature des torrents qu'il se grossit par la résistance.

« C'était là un langage digne d'un écrivain qui a la conscience de son œuvre, et que l'on croirait plus jeune de deux siècles.

Mon autre prière, dit-il ailleurs, s'adresse aux particuliers, à ce qu'ils cessent de m'envoyer des mémoires partiaux et passionnés, vu que nos Gazettes (comme ils peuvent voir) sont épurées de toute autre passion que celle de la vérité. Mais que tous ceux qui en sont amoureux comme moi, en quelque climat du monde qu'ils soient, sans autre semonce que ceste-ci, m'adressent hardiment leurs nouvelles ; je leur témoignerai quelle estime j'en fais par l'adresse réciproque des miennes, qui suis en possession de préférer le service public à ma peine et à ma dépense. (Janvier 1633.)

« Et ailleurs encore :

Je ne parle plus ici au public pour défendre mes Gazettes, depuis qu'il n'y a plus que les fous qui leur en veulent. Mais bien dirai-je à ceux qui se plaignent de quoi je parle quelquefois des grands sans les louer, que la vraie et solide louange se trouvant dans les actes vertueux, dire la vérité c'est louer tout ce qui le mérite. (Mai 1633.)

« La **Gazette** parut d'abord une fois par semaine, le vendredi (le samedi à partir du 1er janvier 1633), en 4 pages in-4°. Dès la seconde année elle doubla son format qui fut porté à huit pages (1), divisées en deux cahiers, intitulés, l'un, **Gazette** ; l'autre, *Nouvelles ordinaires de divers endroits*, division qui persista pendant de longues années, «cela pour la commodité « de la lecture, qui est plus facile à diverses personnes étant en deux ca- « hiers, et aussi à cause de la diversité des matières et des lieux d'où vien- « nent les lettres y contenues, les *Nouvelles* comprenant ordinairement les « pays qui nous sont septentrionaux et occidentaux, et la **Gazette** ceux de « l'Orient et du Midi. »
« Tous les mois il publiait, sous le titre de *Relations des nouvelles du*

---

(1) Nous avons trouvé quelques Gazettes qui avaient douze pages, mais elles sont rares. Parmi les critiques qui pleuvaient sur la **Gazette**, il y en eut, à ce qu'il paraît, de motivées par l'étroitesse uniforme de ce cadre. « Quelques-uns — c'est Renaudot qui parle — veulent que mes nouvelles en soient moins vraies pour ce qu'elles sont toujours de quatre feuillets, faute de savoir qu'en recevant toujours beaucoup plus que n'en peut contenir cet espace, que m'a limité le travail journalier de mes imprimeurs et la plus grande commodité du public, après qu'il est rempli, j'en retranche ce qui n'y peut tenir, et volontiers ce qui se trouve moins digne de votre lecture. » Du reste, comme on va le voir, Renaudot ne tarda pas à donner ample satisfaction sur ce point à ses lecteurs.

monde reçues dans tout le mois, un numéro supplémentaire qui complétait et résumait les nouvelles du mois. « Ces miennes relations de « chaque mois, dit-il, servent de lumière et d'abrégé à celles des « semaines ; car il est des nouvelles comme des métaux : ceux-ci, au « sortir de la mine, sont volontiers mêlés de quelque terre ; celles-là « d'abord sont ordinairement accompagnées de quelques circonstances « mal entendues, dont elles s'épurent avec un peu de temps, comme « font les autres étan jetés dans leurs lingotières. Alors vous les avez « en leur naïveté... »

« C'est dans ce numéro supplémentaire que, pendant les premières années, il répondait aux attaques de ses détracteurs. En tout autre temps, il se tient complètement effacé derrière son œuvre. La feuille commence par ce simple mot placé tout à fait au haut de la page : **Gazette**, et finit par ceux-ci : *Du Bureau d'adresse, au Grand-Coq, rue de la Calandre, sortant au marché Neuf, près le Palais, à Paris.* Pendant cent ans vous chercheriez vainement dans ces feuilles un mot sur le journal et ses alentours.

« Il donna à ces nouveaux annexes le nom d'*Extraordinaires.* Ils étaient généralement consacrés à la publication des documents officiels, au récit des événements marquants, sièges, batailles, fêtes, etc. La **Gazette** ne contenait guère que ce que nous appelons des faits divers ; les *Extraordinaires* sont des récits détaillés, de véritables pages historiques, dont nous n'avons pas besoin de faire ressortir l'importance. Ils portent un numéro d'ordre qui ne leur est pas particulier, mais qui indique leur rang dans le recueil des Gazettes de l'année : ainsi le premier que nous ayons rencontré porte le n° 21 ; il est du 13 mars. Leur contenu est indiqué par un sommaire dont la forme varie ; par exemple : « *Extraordinaire du...,* contenant le superbe enterrement du roi de « Danemark ; » — Son sujet est : « La prise de la belle île de Curacao « aux Indes par les Hollandais sur les Espagnols ; » — « Vous y verrez la « chasse donnée aux impériaux par les Français... ; » — « Il vous fera « voir la nouvelle ordonnance faite par le roi pour remédier aux « abus... ; » etc., etc.

« Outre ces *Extraordinaires,* Renaudot publiait encore des *Suppléments* (1), qui n'avaient pas de titre général, mais un titre pris de leur contenu, et qui prenaient rang à leur ordre dans le recueil des Gazettes.

« Ainsi le cadre de la **Gazette** alla promptement s'élargissant, et Renaudot put bientôt à bon droit intituler son recueil : « *Recueil de* « *toutes les Nouvelles, Ordinaires, Extraordinaires, Gazettes ou autres* « *Relations,* contenant le récit de toutes les choses remarquables ave- « nues tant en ce royaume qu'en pays étrangers, dont les nouvelles « nous sont venues toute l'année, avec les édits, ordonnances, déclara- « tions et règlements sur le fait des armes, justice et police de ce « royaume, publiées toute cette année dernière, et autres pièces servant « à notre histoire. »

« Disons enfin qu'indépendamment de la **Gazette**, Renaudot publiait, en vertu de son privilège, très étendu comme nous allons le voir, des relations, dans tous les formats, des événements qui lui semblaient de nature à intéresser le public, mais qui n'entraient point dans le cadre de son journal. »

(1) On en trouve quelques-uns dès 1632.

LES PRIVILÉGES DE RENAUDOT

DOCUMENTS

A notre amé et feal le sieur Gilot, lieutenant général au bailliage du Palais.

DE PAR LE ROI,

Notre amé et féal, — Ayant permis dès le 30 mai dernier au sieur Renaudot, l'un de nos médecins ordinaires, et général des Bureaux d'adresse de notre royaume, de faire imprimer, vendre et distribuer dans lesdits Bureaux d'adresse, ou en tel autre lieu et par telle personne qu'il voudra, les Gazettes, Relations et Nouvelles ordinaires, tant de ce royaume que des pays estranges, privativement à toutes autres personnes, il s'en serait acquitté à notre contentement. Mais comme depuis nous avons été averti qu'il avait été troublé et empêché en l'impression et débit desdites Gazettes par d'autres personnes qui se sont pourvues pardevant nous, lesquelles s'ingèrent d'en faire de différentes, et d'imiter et contrefaire les siennes, qui est chose directement contraire à notre intention; à ces causes, nous voulons et vous mandons qu'en ce qui dépend de votre pouvoir et juridiction, vous ayez à tenir la main que ledit Renaudot jouisse seul, exclusivement à tous autres, de notre privilége et permission de faire imprimer, vendre et distribuer lesdites Gazettes, Relations et Nouvelles, tant de ce royaume que des pays estranges, soit dans sesdits bureaux ou en tel autre lieu et par telles personnes qu'il voudra choisir; avec défense à tous autres de ce faire, sous telle peine qu'il appartiendra. Ce que nous vous enjoignons sur peine de désobéissance; si n'y faites faute : car tel est notre plaisir. Donné à Fontainebleau, l'onzième jour d'octobre 1631.

Signé : LOUIS.
Plus bas : DE LOMÉNIE.
Et scellé.

PRIVILÉGE DU ROI

EN FORME DE CHARTE

LOUIS, etc. L'expérience nous ayant fait voir les utilités qui reviennent de l'introduction faite en ce royaume de la **Gazette** et autres Nouvelles par notre cher et bien-amé Théophraste Renaudot, l'un de nos conseillers et médecins ordinaires, maître et intendant général des Bureaux d'adresse de notre royaume, et la curiosité naturelle de nos sujets nous faisant espérer que cette invention sera de jour en jour mieux reçue d'eux, Nous avons cru devoir appuyer et autoriser le soin et industrie que ledit Renaudot et ses enfants ont pris et prennent journellement à la cultiver, et les encourager de plus en plus à continuer la dépense qu'ils sont obligés de faire à cette fin : A ces causes, après avoir fait voir en notre conseil l'arrêt donné en icelui le 18 novembre 1631, portant défenses aux personnes y dénommées, et à tous autres, de troubler ledit Renaudot en l'impression et vente de sesdites Gazettes et autres dépendances de sondit Bureau d'adresse, à peine de six mille livres d'amende, dépens, dommages et intérêts ; — Autre arrêt dudit conseil, du 11 mars 1633, par lequel nous avons fait itératives défenses aux syndic et adjoints des imprimeurs et tous autres, tant de Paris qu'autres lieux de ce royaume, d'imprimer ou faire imprimer, vendre ou débiter, troubler ni empêcher ledit Renaudot et les siens en l'impression et vente qu'ils feront desdites Gazettes, Nouvelles, Relations, prix-courants des marchandises, mémoires, affiches et autres impressions desdits Bureaux, ni s'ingérer au fait et connaissance d'icelles, ni intimider ou empêcher les maîtres ou compagnons imprimeurs que ledit Renaudot voudra choisir pour travailler en son imprimerie; à peine de confiscation de leurs livres et exemplaires, caractères et presses, et autres y contenues; et pour la contravention les parties dudit Renaudot condamnées aux dépens; — Autre arrêt, du 4 août 1634, par lequel, sans s'arrêter au jugement rendu par le Lieutenant civil, avons permis audit Renaudot de faire, imprimer, vendre et distribuer en ses bureaux, et ailleurs où bon lui semblera,

lesdites Gazettes, Nouvelles, Relations, et autres impressions
desdits Bureaux d'adresse, par qui et à telles personnes que
bon lui semblera; avec défense audit Lieutenant civil de
prendre aucune connaissance desdites Gazettes, et autres circonstances et dépendances desdits Bureaux, que nous avons
réservés à nous et à notre dit Conseil; et icelle interdite à tous
autres juges; — Et encore autre arrêt de notredit Conseil, du
7 novembre dernier, portant de même défenses à toutes personnes autres que ledit Renaudot, et sans son aveu; et, en cas
de contravention, enjoignant au premier huissier, sergent ou
archer du prévôt, à peine de privation de sa charge, et autre
plus grande peine s'il y échet, sur la simple et première réqui-
sition dudit Renaudot, appréhender au corps les contrevenants
et les conduire au Fort-l'Évêque ou autres prisons royaux,
pour être contre eux procédé selon la rigueur des Ordonnances,
Déclarations et Arrêts; lequel aurait été affiché par tous les
carrefours de ladite ville et faubourgs de Paris, le 10 desdits
mois et an, à ce qu'aucun n'en puisse ignorer. — Lesquels
arrêts voulant être exécutés, et faire jouir ledit Renaudot, ses
successeurs et ayant-cause, de l'effet d'iceux ; — De l'avis de
notre dit Conseil, et de notre certaine science, pleine puissance
et autorité royale, — Avons, en approuvant et confirmant nos
dits Arrêts, dit, déclaré et ordonné, disons, déclarons et
ordonnons par ces présentes, signées de notre main, voulons
et nous plaît que ledit Renaudot, et ses successeurs et ayant-
cause, jouissent pleinement, paisiblement et perpétuellement,
à l'exclusion de tous autres, du pouvoir, permission et Privilége de composer et faire composer, imprimer et faire imprimer,
en tel lieu et par telles personnes que bon leur semblera, les
Gazettes, Relations et Nouvelles, tant ordinaires qu'extraordinaires, lettres, copies ou extraits d'icelles, et autres papiers
généralement quelconques contenant le récit des choses passées
et avenues ou qui se passeront tant dedans que dehors le
royaume; prix-courant des marchandises, conférences et
autres impressions desdits Bureaux; et généralement toutes
les choses mentionnées èsdits arrêts; le tout vendre et faire
vendre, exposer et débiter. Avec défenses à tous imprimeurs,
libraires et autres personnes, de quelque condition qu'ils
soient, de s'immiscer ni entreprendre aucune des choses ci-
dessus, sans le pouvoir, consentement et aveu dudit Renaudot,
ou des siens après lui, sans que ci-après ils puissent être trou-
blés et privés de tout ou partie des émoluments procédant desdites impressions et choses ci-dessus, par quelque personne

ou prétexte que ce soit; sur les peines portées par lesdits Arrêts, ci-attachés sous le contre-scel de notre chancellerie; nonobstant toutes déclarations, ordonnances, arrêts, règlements et défenses faites ou à faire pour raison de la papeterie, imprimerie et librairie; mesme celles faites à toutes personnes de tenir presses et imprimerie en leur maison, que ne voulons nuire ni préjudicier, directement ou indirectement, audit Renaudot et aux siens, et ce tant qu'il nous plaira, les Gazettes, Nouvelles et autres impressions avoir lieu en cestuy notre Royaume et lieux de notre obéissance. — Si donnons en mandement à notre très-cher et féal chevalier le sieur Séguier, garde des sceaux de France, que ces présentes il fasse lire, publier et registrer ès registres de l'audience de France, et du contenu en icelles jouir et user ledit Renaudot, ses hoirs, successeurs et ayant-cause, pleinement, paisiblement et PERPÉ- TUELLEMENT, sans souffrir ni permettre qu'il lui soit fait, mis et donné aucun trouble ni empêchement au contraire; nonobstant clameur de haro, chartre normande, prise à partie et lettres à ce contraires; oppositions, appellations et empêchements quelconques; la connaissance desquels, si aucuns interviennent, Nous avons réservé et réservons à Nous et à notre Conseil, et icelle interdite à tous nos cours et juges. Et d'autant que des présentes on pourra avoir affaire en plusieurs et divers lieux, Voulons qu'au *vidimus* d'icelles, dûment collationné par un de nos amés et féaux conseillers et secrétaires, foi soit ajoutée comme au présent original. CAR TEL EST NOTRE PLAISIR. Et afin que ce soit chose ferme et stable à toujours, Nous avons fait mettre notre scel à ces présentes: sauf en autres choses notre droit et l'autrui en toutes. — DONNÉ à Paris, au mois de février l'an de grâce 1635 (1) et de notre règne le vingt-cinquième.

Signé: LOUIS.

Et plus bas: *Par le roi*, DE LOMÉNIE; et scellé du grand sceau de cire verte, sur lacs de soie rouge et verte, et contre-scellé de cire verte.

Leu et publié, etc.

M. Hatin, après avoir cité ce document, ajoute avec raison:

« Nous n'avons pas besoin de faire ressortir l'étendue et l'importance de ce privilège. Il assurait à Renaudot le monopole, non seulement de la

---

(1) C'est donc par erreur que le catalogue de la Bibliothèque nationale indique pour la date de ces lettres le 11 octobre 1631.

Gazette, mais de tous « autres papiers généralement quelconques contenant le récit des choses passées et avenues ou qui se passeront dans le royaume », comme aussi de toutes les impressions commerciales, qui étaient le privilège de son Bureau d'adresse ; et, de plus, il lui permettait de faire imprimer et vendre le tout où et par qui bon lui semblerait, c'est-à-dire d'avoir une imprimerie à lui, des colporteurs à lui.

MAZARIN

« Renaudot fut plus avant encore dans la faveur de Mazarin qu'il n'avait été dans celle de Richelieu. »

RICHELIEU ET RENAUDOT

CORRESPONDANCE (1)

Pour le Roy (2).

De Paris, ce 3 septembre 1634.

Les Impériaux avaient assiégé Nortlinguen avec toutes leurs forces; le Roy de Honguerie et le cardinal infant y estans en personne. Horn et Veymar ont assemblé leurs deux petites armées faisant vingt mil hommes avec les trouppes de Wirtenberg, et ont présenté la bataille au Roy de Honguerie qui n'a pas voulu la donner, ains il a levé le siège de Nortlinguen et deux mil chevaux ont esté deffaicts, dont il en est demeuré cinq cens sur la place (3).

Dépêche à MM. de Créqui, La Thuillerie, Noailles, Vialar, du Plessis-Praslin et Sabron, du 11 octobre 1634, à Chilly, sur la réconciliation et le retour de Monsieur.

11 octobre 1634.

Monsieur, je n'ay pas beaucoup de loisir de vous escrire par ce courrier que M. l'ambassadeur de Venise dépesche par delà, mais la nouvelle que j'ay à vous mander est si extraordinairement bonne que je m'asseure que vous en recevrez une très grande joye, pour peu que vous en appreniez presentement (4).

---

(1) *Collection des documents inédits sur l'Histoire de France*, PUBLIÉS PAR LES SOINS DU MINISTRE DE L'INSTRUCTION PUBLIQUE : Lettres, instructions diplomatiques et papiers d'État du cardinal de Richelieu, recueillis et publiés par M. Avenel.

(2) Au dos Cherré a mis : « Mémoire respondu de la main du Roy, septembre 1634. »

(3) A la marge de ce paragraphe, le cardinal a fait écrire par le secrétaire à qui il dictait ce mémoire : « Il est bon de parler modestement de cette nouvelle et n'en faire pas grand compte. » Il y a ici une preuve de la sagacité de Richelieu; malgré cet avantage, l'armée suédoise éprouva devant Nortlingue, trois jours après, le 6 septembre, une défaite complète.

On a vu avec quelle sage perspicacité Richelieu recommande à son gazetier d'annoncer « modestement » un succès qui ne lui semble pas considérable et qui pourrait être suivi d'un revers. Le désastre arrivé, c'est avec une prudence non moins habile qu'il en prépare la nouvelle, afin d'en ménager l'effet sur l'opinion publique.

(4) Le Roi a voulu faire lui-même le récit du retour de son frère; on le trouve écrit, de la main de Louis XIII, dans le manuscrit du fonds de Béthune 9334. Ce récit fut inséré, avec quelques changements, vers la fin, dans les numéros du 14 et du 21 octobre de la **Gazette** de Renaudot, pp. 442 et 456. Le même gazetier, dans son extraordinaire du 26, p. 458, donne une relation de « l'entrevue du Roi et de Mgr son frère ». Nous ne croyons pas que celle-ci ait été écrite par le Roi.

Au Roi.

16 novembre 1634.

Il n'y a rien icy de nouveau qui concerne les affaires publiques, sinon qu'on ne voit pas par les lettres d'Alemagne que la paix du duc de Saxe soit.

L'armement naval qui est destiné pour la Provence s'est divisé et retiré à Naples, Sicile et autres lieux.

Le Roy d'Espagne arme fort en Espagne et le comte d'Olivarès publie que son maistre veult aller en personne aux lieux où les affaires le requéreront à la teste de ses trouppes.

Quant aux affaires particulières vos serviteurs ne pensent qu'à mariages et à comédies (1).

A M. Bouthillier.

De Nanteuil, 20 avril 1635.

Envoyez promptement un courrier à M. d'Amontot pour réclamer la liberté de l'Electeur de Trèves... Il est bon que, dès la première **Gazette**, RENAUDOT y mette simplement que le Roy a envoié demander M. l'archevêque de Tresves à M. le Cardinal Infant.

Pour M. le marquis de Sourdis.

8 ou 9 juin 1635.

L'histoire fait bien mention de divers cappitaines des siecles passez et du nostre qui ont pris des places, mais qui en aient pris sans canon, avec deux regiments seulement, places ou il y ayt eu une forte garnison (2), qu'on a contraint de se rendre à discretion, laquelle s'est estendue à en faire pendre exemplairement les deux tiers, elle n'en parle point jusqu'à présent; mais certainement elle en parlera à l'advenir, sans oublier le nom du généreux marquis qui commandait en cette occasion.

---

(1) Le Cardinal maria le même jour trois de ses cousines, les deux demoiselles de Pontchâteau et Mademoiselle du Plessis-Chivray, les deux premières aux ducs de la Valette et de Puylaurens, la troisième au comte de Guiche. Les fiançailles eurent lieu le 26 novembre, au Louvre; le 28, le mariage fut célébré au petit Luxembourg, et les fêtes eurent lieu le soir, à l'Arsenal.

Postérieurement on lisait dans la **Gazette** un petit article favorable au théâtre et qui a bien l'air d'une réponse que Richelieu aurait fait faire, que peut-être il avait faite lui-même, à quelque censeur dont la morale chagrine lui avait déplu. « La demoiselle du Plous ayant, par son opiniastreté, rendu inutiles tous les soins que son mari avait employez à la ranger à la foi catholique, s'estant trouvée à une comédie où estoit représentée la conversion de saint Augustin, en fut tellement touchée qu'elle fondit en larmes devant toute l'assemblée, et fit ensuite son abjuration ce mesme jour de la Nativité de la Vierge, dans l'abbaye de la Victoire (c'était une des maisons de Richelieu, il y allait fréquemment passer quelques jours). Et que les critiques de ce temps nous viennent encore blasmer la comédie, puisqu'elle a de si puissants charmes pour émouvoir les passions, qu'elle vient heureusement à bout de ce qui s'estoit trouvé impossible à tous les autres moyens humains. » (**Gazette**, n° 122, de Senlis, le 20 septembre 1641, p. 706.)

(2) Châtillon-sur-Saône.

La **Gazette** fera son devoir (1) ou Renaudot sera privé des pensions dont il a jouy jusque à present.

Au Roy.

6 octobre 1635.

(Félicitations sur la reddition de Saint-Mihiel.)

Ce qu'il luy a pleu accorder pour la capitulation est très judicieux, puisqu'il ne l'empêche pas de retenir tous les chefs de guerre prisonniers, d'envoyer tous les soldats aux galères, de faire chastier quelques habitants des plus factieux, faire payer 100 mil écus à tous les autres, et entretenir 200 chariots six mois durant... Sans cette douce rigueur on sera toujours à recommencer. *J'ai envoyé un petit mémoire à* RENAUDOT, *je veux croire qu'il ne m'aura pas prévenu.*

Pour M. de Chavigny.

De Han, ce 31 aoust 1638.

... Je vous envoie une relation de la victoire obtenue par M. de Bordeaux à la radde de Gatary, sur les Espagnols; vous l'envoyerès, s'il vous plaist, à RENAUDOT (2).

Pour M. de Chavigny, secrétaire d'État.

De Saint-Quentin, ce 15 septembre 1638.

Je suis infiniment aise que mon Limasson ayt tesmoigné qu'il a plus de cœur que d'économie pour ses affaires.

Les victoires du Roi me ravissent; ce m'est un contentement extresme de voir que ce qui est particulièrement sous ma charge face son devoir.

Si la mer est plus heureuse cette année que la terre, je l'attribue à la

---

(1) Renaudot n'avait garde d'y manquer; l'article a été publié dans la **Gazette** du 22 juin, p. 319; il est vraisemblable qu'il fut envoyé à ce journal par Richelieu lui-même, ainsi qu'il le faisait souvent.

(2) Cette relation envoyée au journaliste est conservée, en original, aux Affaires étrangères, Espagne, t. XIX, fol. 176. Elle est écrite de la main du secrétaire de l'archevêque de Bordeaux; lui-même a voulu sans doute raconter sa victoire. On remarque çà et là, dans le texte, des mots de la main de Richelieu, et nous noterons à cette occasion que nous avons vu plusieurs fois ce secrétaire écrire sous sa dictée. C'est le Cardinal qui a mis au dos de la pièce cette annotation : *Relation de la victoire navale, pour le Sr Renaudot.* Et à la suite il a fait écrire ces lignes par Cherré : « *Le sieur Renaudot*, formant cette gazette selon son style ordinaire, y adjoustera qu'on peut voir maintenant la raison pour laquelle prudemment on avoit tiré tous les vaisseaux du Roy du Passage, dont la garde inutile eust empesché l'effet glorieux obtenu en cette occasion. » Nous trouvons dans ce même manuscrit, à la suite de la relation, deux lettres originales de l'archevêque, écrites le lendemain de la bataille, l'une au Roi, à qui il envoie « le seul pavillon qu'on aye pu prendre les autres ayant esté bruslés ou jetés à l'eau »; la seconde à Chavigni, lui adressant la relation. Enfin la lettre de félicitation du Roi à l'archevêque, du 3 septembre.

venue de M. le Dauphin, qui a porté bénédiction à l'élément où les dauphins ont leur règne.

Rejouissés-vous avec ma niepce; la gallère du général a pris une gallère.

Et les deux miennes chacune une. Je ne sçaurois vous dire le desplaisir que j'ay de la mort du chevalier Des Roches qui est mort victorieux de la patronne d'Espagne. Ma niepce aura soin de faire dire cette nouvelle à Mᵐᵉ Des Roches et de la consoler.

Je vous prie de mander à Renaudot qu'il n'imprime rien de cette action jusques à ce que je luy envoye la relation. J'en ay veu une qui n'est pas bien, en ce qu'elle blesse tous les capitaines de nos gallères (1).

A Monsieur de Chavigni.

De Saint-Quentin, ce 17 septembre [1638].

Monsieur de Noyers ayant la charge de la guerre et moy celle de la mer, les courriers qui viennent des armées s'adressent à l'un ou à l'autre, et ainsy quelques-uns passent par Paris sans dire ce qu'ils apportent, ce qui retarde qu'on le puisse sçavoir à la Cour qu'un jour ou deux après leur passage. Pour y donner ordre, il faut dire à M. de Nouveau qu'il ne laisse point passer de courrier par Paris qu'il n'aille premièrement rendre compte de son voiage au Roy, quand il y aura de bonnes nouvelles.

Vous prendrès garde, s'il vous plaist, que Houdinière, ou autre qui apportera la nouvelle de Fontarabie, face de mesme.

Le frère bastard de madame de Chaulnes, nommé Saint-Fucien, est à l'extrémité; il a une petite abbaye ou prieuré qui vaut 7 à 800 liv. M. de Chaulnes la demande pour un de ses enfants.

Je ne croy pas que Sa Majesté le voulut donner à un autre; je l'en ai fort asseuré, cependant il dit que l'on l'est allé courre; mais quand Sa Majesté aurait été prévenue, elle a tout lieu de s'excuser de tout engagement, veu qu'il n'est pas mort, et que c'est un faict privilégié. Cette affaire met en peine ce bon Duc, non tant pour l'importance de la pièce, comme vous pouvès croire, comme pour le discréditement.

Je m'en vas aujourd'huy à Magny, le Castelet éstant pris et le mauvais air me chassant d'icy. Je ne saurois vous dire le nombre de malades que j'ay; mais, graces à Dieu, les principaux de ceux qui sont avec moi tiennent bon.

(1) Richelieu la fit corriger et l'envoya le 17 à Chavigny. Elle se trouve dans la **Gazette** du 20, avec ce titre : « Le furieux combat des gallères de France et d'Espagne arrivé près de Gênes. » Le général n'y est point oublié : « Il a mis, dit la **Gazette**, la réputation de son courage à un si haut point qu'il a tesmoigné par là rien ne luy estre impossible, ni aucun péril considérable, lorsqu'il s'agit de servir le Roy. » Et, le 24, la **Gazette** publiait, dans son *extraordinaire*, une seconde relation, où on dit que « la mer a paru tout autour, pendant quelques heures, rouge du sang des corps meurtris et précipités dans ce vaste élément ». On y nomme plusieurs officiers « qui y firent des faits d'armes incroyables ». On y célèbre « la constance au milieu des périls, le courage dont le marquis du Pont de Courlé usa pendant ce rude et périlleux combat; se faisant avouer, par amis et ennemis, digne de toucher de consanguinité au premier des ministres de la France ». Richelieu a voulu consigner, dans cette relation, ce fait, qui peut servir à l'histoire de la justice du temps, que deux forçats ayant été mis en liberté pour prix de leur heroïque courage, « on a razé et mis à la chaisne, en leur place, quelques officiers qui, n'ayant pas fait leur devoir, empeschèrent que la victoire ne fut acquise avec moins de perte de notre côté ».

Je me trouve bien empesché, car encore que je sois bien inutile, partout, beaucoup et presque tous les officiers de l'armée disent que si je ne fusses demeuré icy après le Roy, il n'ent fust guères demeuré dans l'armée.

Au reste, comme il est impossible de rien faire faire de bon à certaines gens, il l'est aussy de les empescher de faire mal, si on n'est proche d'eux pour les en destourner à certains momens où ilz sont capables de prendre des résolutions qui auroient mauvaises suittes.

Je vous envoie la relation du combat des gallères, comme il l'a faut donner à RENAUDOT ; je l'ay faict corriger en certaines choses qui blessoient tous les cappitaines en général sans exception de ceux qui ont le mieux faict.

En escrivant ces lignes, je viens d'apprendre par M. de Noyers la misère de Fontarabie ; j'en suis outré, elle me perce le cœur et je ne vous en puis dire davantage.

A M. de la Meilleraie.

[Août 1639.]

... Toutes les bonnes nouvelles qui seront suivies, Dieu aidant, d'autres, nous resjouiroient extresmement sans la mort de M. de Weymar, qui nous a bien surpris. Le pauvre prince est mort de peste en trois jours à Neuf-bourg, entre Brisach et Basle. Le Roy et toute la Cour en prennent le deuil. J'espère que ses troupes demeureront fermes dans le service du Roy.

Je ne saurois vous dire le regret que j'ay, en mon particulier, de la mort de ce prince (1).

Pour M. de Noyers, secrétaire d'Estat
et pour M. de Chavigny.

De Tarascon, ce 13 aoust 1642.

M. de Chartres dict cognoistre la bibliothèque de M. de Cordes, et croit qu'à vingt mile francs elle serait bien payée. Elle est complète pour l'histoire, les livres en sont curieux et bien choisis, mais fort mal reliez. S'il en faut cependant donner vingt deux mile francs, j'y consens.

Il est bien important de donner la lettre que vous aurez escrite aux provinces et aux ambassadeurs, au sieur RENAUDOT. Je vous prie luy donner sy bien escrite et sy bien ponctuée qu'il mette dans l'impression a lignea tout ce qu'il faut, et qu'il n'y ayt point de faute.

Je suis ravy de la confiance qu'a M. du Hallier d'empescher les desseins des deux Charles. Toutes les troupes qu'il a ne sçauroient estre employées à meilleur usage qu'à garantir Saverne et Hagnau.

---

(1) Les regrets de Richelieu étaient-ils bien sincères ? Assurément le génie militaire du duc de Weymar avait été utile à la France, mais son ambition paraissait devenir un danger; ses prétentions croissaient avec ses exploits et avec sa renommée; la politique du Cardinal pouvait justement s'en inquiéter. La **Gazette** de *Renaudot*, en réalité la **Gazette** de *Richelieu*, annonça dans un *extraordinaire* du 4 août cette mort imprévue, arrivée le 18 juillet, non dans un article officiellement communiqué par le Gouvernement, mais sous forme d'un *extrait de lettre* de Mézières, du 29 juillet. On peut s'étonner qu'une nouvelle de cette importance arrivât si tardivement et par une voie indirecte. On peut croire que cette lettre, datée de Mézières, ne venait pas de si loin.

MAZARIN ET RENAUDOT

CORRESPONDANCE (1)

A M. le duc d'Enghien.

Paris, 21 août 1644.

Je me suis extrêmement plainct de ce que le gazetier (Renaudot) avait imprimé touchant les deux premiers combats, ou il a mis des particularitez desquelles il se pouvait passer, sans peser tous les advantages que nous retirions d'avoir joué les ennemis. C'est Perault à ce que m'a dit M. de Tourville, qui l'a fait faire. Je vous assure que cela ne fust point arrivé, si l'on m'en eust communiqué quelque chose. J'ay fait voir a M. le Prince de quelle façon j'en avais fait escrire en tous les pays estrangers, et en beaucoup d'endroicts de la France, ou, sans m'esloigner de la vérité, j'ay conté la chose en sorte qu'on voie evidemment l'avantage que nous tirerons aprez cela, et les progrez auxquels ce succez nous ouvre le chemin à l'advenir, avec grande mortification de l'armée bavaroise, qui s'estoit enorgueillie à un point qu'il n'y avait plus moyen de le souffrir.

A M. de Lionne.

[Brühl] 20 avril 1651.

M. Le Tellier me mande tous les changements que la Reyne a faicts comme pourrait faire RENAUDOT, par ce qu'il (2) m'adjousta que, pour ce qu'il y pourrait avoir de caché la-dedans, qu'il ne le sçait point, et qu'il presuppose que j'en seray informé de vous ou de M. Servien, et pour Milet, il me mande qu'il avait recognu en la Reyne une continuation de bonne volonté pour moi, et que Sa Majesté luy avoit dict, à l'esgard des exilez (3), qu'Elle avoit fait revenir, que c'avoit esté de mon consentement...

A M. Servien.

Balahan, 8 janvier 1653.

.... Pour ce qui est de la charge de chancelier de l'ordre, je vous confirme ce que je vous ay desja mandé, que je vous y serviray de la

---

(1) *Collection des documents inédits sur l'Histoire de France*, PUBLIÉS PAR LES SOINS DU MINISTRE DE L'INSTRUCTION PUBLIQUE : Lettres du Cardinal de Mazarin, pendant son Ministère, recueillies et publiées par M. A. Cheruel.

(2) Parce qu'il... est mis ici pour : Puis il.

(3) Chavigny et Regnier.

bonne manière, et l'abbé de la Rivière me ferait grand tort s'il croyoit que je deusse embrasser son interest a votre prejudice.

Je vous prie de n'en pas faire semblant ; mais je vous advoue que je suis fort surpris de la manière dont la **Gazette** parle des affaires de deça (1) et il faut demeurer d'accord que, si on le faisoit faire exprez pour mettre de la division entre ceux qui commandent ici, on ne s'y pourroit pas mieux prendre ; premièrement, elle marque que M. de Turenne, après avoir emporté le chasteau de Bar, a pris ceux de Ligny, de Void et de Commercy. Cependant il ne s'y est pas seulement trouvé, de façon que M. le Maréchal de la Ferté, qui a emporté la haute ville de Bar et le chasteau de Ligny, n'a pas subject d'estre content qu'on donne a un autre la gloire de ce qu'il a faict. Et ensuite, elle parle de cela sans en dire aucunes circonstances et comme si c'estoit une chose de rien, quoyque ces prises ayent cousté assez cher et que, sans parler de la rigueur de la saison, on ayt eu plus de peine d'en venir à bout qu'on en auraït eu, en un bon temps, à prendre une très bonne place. Enfin on y a tiré plus de deux mille coups de canon, fait cinq grandes bresches, (faict) jouer des mines et donné plusieurs assauts devant que de les emporter, M. de Lorraine y a perdu douze cents hommes et deux cens soixante officiers sans qu'on en dise un seul mot ; mais la **Gazette** adjouste que l'on alloit prendre Sainte-Menehould où l'on ne trouveroit pas grande résistance, et qu'il en seroit de mesme de Rethel, parce qu'il y avoit de la division dans la place, de façon que ces Messieurs qui m'en ont parlé et qui sçavent qu'ils font des choses extraordinaires et dont il y a peu d'exemples dans la saison où nous sommes, m'ont dict, avec quelque sentiment, qu'ils voyoient bien qu'à la Cour on ne comptoit pour rien tout ce qu'ils peuvent faire, et qu'il n'estoit pas advantageux, ny pour eux ny pour le service du Roy, que l'on donnast de semblables impressions au public.

Je ne puis pas me reprocher à moy-mesme d'avoir manqué d'en escrire, puisque j'en ay mandé jusques aux moindres particularitez, et, à la vérité, Ondedel aurait pu prendre le soin d'en faire informer RENAUDOT, et il me semble qu'il y a une chose à dire très advantageuse et fort véritable ; que l'on a defaict toute l'infanterie de Lorraine, en sorte que, gardant bien les officiers que l'on tient prisonniers, il (le duc de Lorraine) ne la sçaurroit remettre de longtemps. On luy a osté la pensée de prendre des quartiers d'hyver dans cette province (1), comme il en avoit asseuré les Espagnols ; et vingt mille hommes qu'avait M. le Prince, tant de ses troupes que de celles d'Espagne et de Lorrains, ont esté réduits à trois mille chevaux et deux cens hommes de pied, avec lesquels il est allé à la Capelle, et l'on peut dire que la perte d'une bataille n'auroit pas si fort affaibli les ennemis qu'ils le sont à présent. Ce qui est si certain qu'au mois d'octobre nostre armée n'osoit paroistre devant M. le Prince, et à present elle l'attend de pied ferme, quoy qu'il soit renforcé de toutes les troupes de Lorraine (la brigade qui estoit allée en Flandre, l'ayant rejoint), et de celles de Fuensaldagne, qui véritablement n'a pas ramené tout ce qu'il avoit, mais tout ce qu'il a pu tirer des garnisons.

J'attends avec impatience de sçavoir ce que vous aurez conclu avec M. le comte du Daugnon, pour l'exécuter aussytost de ma part.

(1) Des affaires militaires dirigées par Turenne et La Ferté-Senneterre, affaires pour lesquelles Mazarin avait prolongé son séjour à l'armée.

Lettre à l'abbé Ondedel.

Guise, 28 septembre 1656.

Je vous envoie la capitulation de la Capelle pour la donner à RENAU-
DOT (1), auquel vous direz que l'intention du Roy est qu'en cette occasion
et en toute autre, il se contente de faire la relation de ce qui se sera passé sans
rien mettre qui pourra choquer personnellement le ministre d'Espagne,
et je le prie, en mon particulier, de ne rien dire, en sa **Gazette**, qui soit
injurieux au prince de Condé ; ce qui me semble qu'on peut dire en ce
rencontre historiquement, c'est que les ennemis ayant investi Saint-Guil-
lain, faict déjà des forts et presque achevé la circonvallation et faict venir
le canon et toutes les choses nécessaires pour ouvrir la tranchée, après
avoir sceu que nous avons attaqué la Capelle, ont levé le siége et sont
venus, avec toutes leurs forces, se camper à une heure de nos lignes dans
le dessein de secourir cette place, de la prise de laquelle néantmoins ils
se sont contentez d'estre les simples spectateurs.

A M. le marquis de Caracène.

Paris, 28 décembre 1656.

Je rends grâce à V. Exc. de la favorable réponse qu'elle me faict touchant les gazettes (2), mais en mesme temps, je suis bien surpris de sa
plainte contre celles de France, ne pouvant imaginer que le gazetier,
après les vigoureuses defenses qui luiont esté faictes de tout temps, ayt osé
y rien inserer qui pust blesser tant soit peu le respect deub aux testes cou-
ronnées et à leurs principaux ministres. Neantmoins, s'il s'est oublié, je
reponds à V. Exc. que sa faute sera chastiée et elle me fera faveur si elle a
agréable de prendre la peine de marquer l'endroit. Mais peut estre qu'elle
entend parler de quelques gazettes à la main, qui sont défendues à peine
de la vie et qui ne laissent pas pourtant de courir toutes les semaines dans
Paris. Veritablement, comme elles sont remplies de nouvelles du dedans
du royaume contraires mesme au service du Roy, je ne voudrais pas respondre de ce qu'elles contiennent à l'égard des pays étrangers. D'une
seule chose la puis-je asseurer, qui est que, bien loin d'apporter la
moindre connivence de nostre part à ces sortes de libelles, rien ne peut
sauver les autheurs, si l'on vient à les descouvrir.

(1) Eusèbe Renaudot.
(2) Mazarin s'était plaint d'une gazette publiée à Bruxelles.

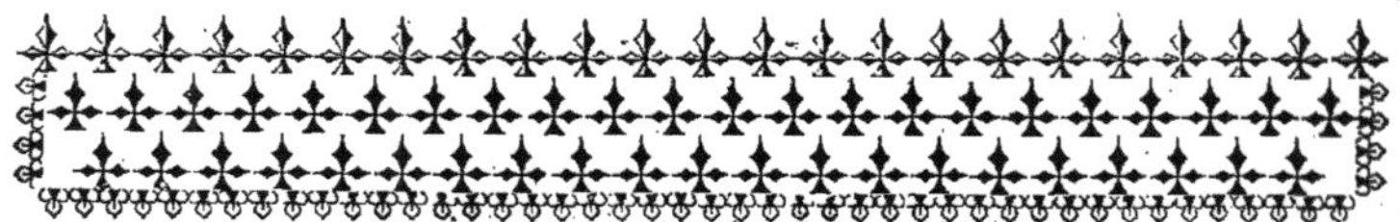

VILLÈLE, GENOUDE, LOURDOUEIX

I

La **Gazette de France** traversa les siècles et les révolutions, sans faire autrement parler d'elle. Son histoire à travers la Révolution et l'Empire a été racontée par les écrivains de valeur qui ont apprécié, il est vrai, très diversement son attitude.

Nous ne discutons pas.

Nous retrouvons la **Gazette de France** sous la Restauration avec Villèle, Genoude et Lourdoueix, soutenant le programme des Royalistes.

 Là encore, nous nous bornerons à publier des documents, nous voulons dire des Déclarations de principes qui méritent de n'être pas oubliées, ne serait-ce que pour constater que, depuis que la **Gazette de France** de Renaudot s'est ressaisie, elle n'a pas dévié de sa route : elle est restée fidèle à la cause du Roi, à celle du Peuple, à Dieu et à la Nation, à l'Autorité légitime et aux Libertés traditionnelles, combattant pied à pied les parlementaires qui envahissaient le pouvoir pour y installer la Révolution, comme sous l'ancien Régime.

Depuis le ministère Villèle jusqu'au 19 avril 1849, la politique de la **Gazette de France** est identifiée à celle que suivit le Parti Royaliste d'action dont Genoude a été une des plus brillantes incarnations.

II

L'admirable définition de Bossuet peut passer pour la formule du Credo politique de la **Gazette de France** :

« La Politique est la morale appliquée au gouvernement des Peuples. »

L'histoire de la **Gazette de France**, avec ce grand ministre qu'on appelle Villèle, et l'ardent journaliste que fut Genoude, est l'histoire même du Parti Royaliste.

En 1815, M. de Villèle avait, au nom de tout le Parti Royaliste, prononcé ces belles paroles qui disent bien ce que devait être son programme :

« Il ne faut pas que la Monarchie *perde un seul contribuable.* »

M. de Genoude avait, presque à la même époque, adopté cette formule à laquelle il resta invariablement fidèle :

« La Royauté a ses droits comme le Peuple a les siens, qui sont invio-
« lables. »

Il écrivait :

« En France, nos rois connurent le principe que les peuples n'ont un prince que pour se préserver d'avoir un maître ; et les Français ont toujours conservé la maxime que les taxes personnelles et les impôts, attaquant directement le droit de propriété et, par conséquent, le vrai fondement de la société politique, sont toujours sujets à des conséquences dangereuses, s'ils ne sont établis avec l'*exprès consentement du peuple* ou de ses représentants.

« Sans doute, il n'est aucune institution sociale qui ne doive se rapporter à l'intérêt du peuple, et *dans ce sens on peut dire que le peuple est souverain*, puisque l'utilité publique doit régler toutes les lois, déterminer toutes les fonctions.

« *Mais prétendre que le peuple, en vertu de sa souveraineté, peut à son gré nommer et changer ses rois, c'est une confusion de termes et de choses que les révolutions qui ont toujours suivi la croyance à de pareils principes ont assez convaincue de folie.* Il faudrait donc soutenir avec Jurien que le peuple a le droit de se faire mal à lui-même.

« Le peuple n'a ce pouvoir que comme un homme a celui de se donner la mort ; car, il faut le dire, *le renversement d'un gouvernement légitime par le peuple est un vrai suicide national.* D'ailleurs les constitutions faites au nom du peuple souverain ne sont qu'un fantôme propre à déguiser le véritable pouvoir qu'exercent plusieurs hommes au lieu d'un. Toutes ces folies sont réprouvées des sages, et ces édifices fantastiques, détruits par la raison, laissent dans leurs ruines des matériaux dont la raison fait usage. Les représentants de la nation doivent *participer* à la puissance et non l'exercer. »

Toute l'action du Parti Royaliste porta sur ce point capital : la représentation nationale. Il défendit avec la plus grande énergie les libertés provinciales et communales confisquées au profit d'un vaste système de centralisation administrative. Il combattit ce qu'il considérait comme une usurpation du Droit national : l'élection concentrée entre les mains de 80,000 censitaires. Il montrait la Royauté ainsi dépouillée de ses influences naturelles, et la Révolution s'emparant, par ce fait, des hauteurs de la situation. C'est en ce sens que Chateaubriand a pu dire : « La légitimité fut confiée à la garde de toutes les illégitimités. »

La grande opposition royaliste représentée par Chateaubriand et Villèle était arrivée au pouvoir. M. de Genoude, devenu en 1821 propriétaire de l'*Étoile*, soutint vigoureusement le ministère.

C'est dans l'*Étoile* que parurent, tous les soirs, « les Mensonges du jour » qui sont restés célèbres.

Villèle et Genoude dressaient quotidiennement l'état des mensonges qu'imprimaient les feuilles d'opposition et les journaux étrangers et les dénonçaient au public, sans commentaires.

Le succès de cet « article » fut prodigieux et déconcerta un moment l'opposition.

III

De 1828 à 1840, l'opposition de Villèle fut aussi ardente que persévérante.

Les Royalistes voulaient, au lieu d'un simulacre de représentation, une représentation universelle, sincère, vraie. Au lieu d'une Nation « légale », fictive, triée d'après les hasards du cens, ils appelaient une nation de 8,000,000 de contribuables, la France en un mot, avec tous ses droits, toutes ses forces, toutes ses valeurs.

« La Royauté, pour être forte, doit s'appuyer sur la liberté et sur la nation, » répétaient-ils dans tous leurs discours.

M. de Bonald joignait sa voix à celle des Royalistes :

« La commune, dit M. de Bonald, est l'élément politique d'une nation monarchique, la véritable famille politique ; et c'est aussi avec la constitution de la commune ou son affranchissement qu'a commencé en France la forme régulière et mieux déterminée de la constitution de l'État. La commune, qu'on me permette cette expression, est dans le système politique ce que le franc est dans notre système monétaire, l'unité première et génératrice, l'unité indivisible, parce qu'on ne peut la diviser sans tomber dans des fractions sans valeur et des monnaies sans poids et sans titre. Remarquez que la commune est un corps plus réel, plus solide, plus visible que le département ou le royaume, qui sont plutôt des corps moraux. L'homme, la maison qu'il habite, la terre qu'il cultive, sont de la commune avant d'être du département ou du royaume ; et comme ces trois corps, commune, département, royaume, forment le corps politique, l'État tout entier, il est tout naturel que, dans la manière de composer la *représentation universelle de la nation*, les mêmes corps participent dans le même ordre à la députation. Ainsi la commune députe au département, le département députe au royaume. Système d'élection analogue et complet. C'est donc sur ce fondement invariable, sur la commune, qui a précédé les gouvernements et qui leur survit, qu'il fallait asseoir la première pierre de l'édifice d'une représentation véritablement nationale, et c'était le seul moyen de fonder la représentation dans la nation et d'implanter, si j'ose le dire, la représentation dans la constitution et la constitution dans l'État. »

M. de Villèle revient sans cesse à cette question d'où dépendent, pour lui, l'avenir de la Royauté, la sécurité sociale :

« Plus sera grand le nombre des Français qui contribueront à la nomination des députés, plus la Chambre sera ce qu'elle doit être, plus elle portera au roi la véritable expression de l'opinion publique et exercera sur la France entière l'influence qui lui est nécessaire.

« Toute la force du gouvernement représentatif consiste dans la magie de l'élection. Pour que le roi obtienne sans résistance et presque sans plainte les sacrifices pécuniaires les plus pénibles, pour qu'il acquière plus de puissance réelle que n'en eurent ses prédécesseurs, il est indispensable que chaque Français puisse se croire représenté et défendu par les députés de la France, et que chaque contribuable puisse regarder comme

M. DE VILLÈLE

venant de lui-même l'assentiment donné par eux à l'impôt ou à la loi qui contrarie les intérêts particuliers.

« La monarchie légitime peut sans danger, elle doit, par politique, permettre aux citoyens de se grouper autour de leurs intérêts communs pour combiner les moyens les plus propres à obtenir qu'ils soient protégés. Ainsi doivent s'établir, sous la monarchie légitime, les conseils des administrations secondaires, les corps de ville, les chambres de commerce, d'hommes de loi, de gens de lettres, de corporations de toute espèce. »

Chateaubriand disait, à son tour :

« La loi du monopole électoral est funeste et sotte. Elle veut être populaire et elle exclut le peuple ; elle vise à l'égalité et elle établit une violente distinction électorale ; elle prive de leurs droits l'immense majorité des Français, et, par une bizarrerie sans exemple, elle enrôle la démocratie en un corps aristocratique de 80,000 privilégiés. Telle est cette loi qu'elle nous place entre une révolution inévitable et une corruption exercée par le ministère. »

On le voit, les Royalistes étaient unis dans cette défense de la Liberté électorale, qu'ils considéraient comme la base essentielle du gouvernement représentatif.

Mais les partis de Révolution coalisés triomphèrent des efforts de ces vaillants défenseurs du Droit national et des Libertés électorales.

M. de Villèle écarté du pouvoir continua le combat.

L'opposition de la **Gazette de France** au ministère Martignac fut vive. Traduite devant la Police correctionnelle, elle fut acquittée, le Tribunal ayant reconnu « que cette feuille n'était point sortie du droit de discussion ».

C'est à cette époque que Lourdoueix entra à la **Gazette** où pendant vingt ans il combattit aux côtés de son ami (1).

Ainsi organisée pour la lutte, la **Gazette** descendit dans la lice.

La **Gazette** montrait que, par la dissolution du ministère Villèle, on sortait de l'interprétation monarchique, et puisqu'on cédait à une coalition parlementaire, c'était en même temps s'avouer trop faible pour recourir à l'interprétation par le despotisme. Restait donc le système des concessions, système qui aboutissait au triomphe de la démocratie.

La **Gazette** voyait l'abîme et l'indiquait du doigt ; elle répétait ses avertissements avec une persistance que l'évidence du danger pouvait seule inspirer. On avait beau lui montrer ce ministère formé d'hommes monarchiques ; cette garantie, suffisante pour quelques-uns, ne rassurait pas la **Gazette**, comptant plus sur la force des principes que sur les efforts des volontés humaines.

« Si un homme fort, écrivait-elle le 12 janvier 1828, se trouve dans le ministère, il ne croira pas pouvoir calmer les factions par un système de concessions. A moins que les ministres ne soient traîtres ou félons, et nous n'avons pas à craindre d'en trouver de tels en France, les concessions qu'ils pourront faire à la Révolution seront toujours insignifiantes pour elle ; car son avidité est celle de l'abîme. On lui donnerait quelques intérêts monarchiques à dévorer qu'ils ne feraient qu'aiguiser sa faim. »

Aux *Débats* qui écrivaient :

« Personne ne veut de révolutions, — personne ne conspire ; la révolution est impossible, le peuple a donné sa démission. *La France veut à jamais la race légitime de ses rois*, race immortelle, qui est une sorte de trésor vivant de nos annales ; espèce de monument historique et sacré de la patrie... Que l'on croie possible *de choisir parmi nous ou d'aller mendier en Europe un usurpateur, ce sont là les rêves qu'on peut faire à Charenton*. »

(1) En 1849, il devint lui-même directeur du journal. Il conserva brillamment ce poste jusqu'en 1859, la maladie le forçant de se retirer alors.

La **Gazette** répondait :

« *La Révolution travaille à changer la dynastie.* Elle ne s'arrête pas à de vaines questions de personnes, elle marche sur la place d'un pas ferme... Sans doute le renversement de la dynastie n'est pas le but de tous les hommes qui se sont engagés dans les idées libérales ; mais le sort des Girondins devrait leur apprendre qu'une fois les principes monarchiques abandonnés, les grands talents ne peuvent rien contre l'action des principes contraires.

« L'immobilité de la Révolution n'est qu'apparente, la Révolution ne s'arrête jamais. Quand on ne la voit pas à l'assaut, on peut être sûr qu'elle va pénétrer dans la place par des voies souterraines ou par des intelligences... Dès qu'elle sera maîtresse des deux positions qu'elle a demandées, la presse et la Chambre, alors n'ayant plus les mêmes ménagements à garder, elle effrayera le pouvoir par l'audace de ses exigences ; elle retrouvera toute son énergie, toute sa violence ; les éléments de sédition et d'anarchie qu'elle a placés dans la Chambre seront mis au jour, et alors elle dominera la Chambre héréditaire et le ministère, ou elle forcera la Royauté à dissoudre la Chambre élective, sûre qu'elle est, au moyen de la loi des élections, de rentrer dans la Chambre, plus forte et plus menaçante que jamais. On a donc bien tort de croire que cet état de modération, qui est dans la nature des choses, peut se prolonger par des concessions du pouvoir. *Un jour viendra* où ces concessions trouveront leur terme ; car *ce sera la Monarchie elle-même qu'on demandera et, ce jour-là, il faudra bien résister ou mourir.* »

<h1 style="text-align:center">IV</h1>

Après la chute du ministère de concessions, les Royalistes firent les plus grands efforts pour faire rentrer le pouvoir dans les idées monarchiques, par les principes nationaux de 1815. Le grand ministre, personnification vivante de ce système, pouvait, en 1829, par l'ascendant de ses lumières, par son habileté éprouvée, réunir en un faisceau les éléments du bien, et parvenir ainsi à neutraliser les tentatives de la Révolution. La **Gazette** fit des efforts énergiques pour amener ce résultat qui fut sur le point de s'effectuer. Longtemps elle pressa M. de Polignac de remettre la présidence à M. de Villèle ; mais quand cette espérance lui eut été enlevée, quand elle vit la royauté entraînée dans des mesures extra-parlementaires, alors elle reprit l'offensive et attaqua ouvertement le ministère du 8 août. Elle rappela que la Révolution débordait, que la Royauté était menacée parce que la Restauration avait imprudemment écarté les royalistes du pouvoir, et elle rappelait que le système qu'ils n'avaient cessé de soutenir à la tribune en 1815, en 1817, était formulé par ce principe de notre ancien droit public : « Le gouvernement au Roi, l'Administration au pays », insistant sur la nécessité du principe monarchique en France, montrant que la légitimité était la condition de l'unité, de la prospérité et de la puissance de ce pays.

« Le système démocratique, écrivait la **Gazette**, domine aux États-Unis ; le système aristocratique en Angleterre ; mais la France, privée des éléments de la démocratie américaine et de l'aristocratie anglaise, ne possède, au contraire, que les principes monarchiques. Si l'empire a porté si haut la gloire et la puissance de la France, c'est parce que Napoléon avait cherché à s'entourer d'institutions monarchiques, et, si cette gloire et cette puissance lui ont fait défaut, c'est que la base véritable lui a manqué. Concluons donc qu'en dehors du principe monarchique il n'y a aucune garantie pour le pouvoir et aucun gage de sécurité pour l'avenir, le bonheur et la force de la France. »

C'est ainsi que la **Gazette de France** défendait le principe d'hérédité, menacé par le mouvement démocratique.

Voici quelques extraits de la **Gazette** à la veille de la Révolution de 1830.

LE 3 JUILLET :

« La **Gazette** croit que le Ministère actuel n'est pas assez fort pour se présenter aux Chambres et y remplir les conditions de son existence ; elle pense qu'il est de son devoir de le dire aux Ministres pour qu'ils n'exposent point, par présomption, la prérogative qu'ils doivent défendre à tous les périls que leur inexpérience lui fait courir. »

LE 9 JUILLET :

« Les menaces contre le gouvernement représentatif ne sont que de la faiblesse. Quand il y a un parti sûr à prendre dans une affaire, c'est toujours mal fait d'en prendre un hasardeux. C'est une maxime dont les grands capitaines conviennent maintenant qu'il se gagne plus de batailles par le bon ordre et la bonne contenance que par les coups d'épée et de mousquet. Le plus sûr chemin de la gloire est celui que montre la raison. »

LE 16 JUILLET :

« Pour sauver la Monarchie, il ne faut que deux lois. Il est bien qu'on le sache : la Charte n'a fait que traduire, dans le langage du jour, les anciennes constitutions de la Monarchie. Or, dans les anciennes constitutions, *c'était un droit des peuples d'être consultés.* Les malheurs du Royaume prirent naissance dans la désuétude de ce droit. Tout système qui ne comporterait pas le mode représentatif ne serait pas un système monarchique. »

LE 17 JUILLET :

« *Les libertés publiques sont un fait primitif parmi nous, et un fait primitif est un droit.*

« La tactique de la faction qui veut renverser la dynastie est de pousser les royalistes dans la fausse voie des exagérations ou des coups d'État ; la nôtre doit être de nous *rallier franchement à la Monarchie représentative.* »

LE 24 JUILLET :

« Lever l'impôt par ordonnance serait la destruction du gouvernement représentatif. *Dès les plus anciens temps de la Monarchie, le droit de coopérer au vote de l'impôt a été reconnu au peuple français.* La Déclaration du 23 juin 1789, en restituant aux États généraux leurs anciens droits, restituait au trône sa véritable place : quelques gens conseilleraient peut-être à la Couronne de se passer d'un titre légal ; mais ce serait blesser la France dans ses plus précieuses prérogatives. »

On le voit, la **Gazette** reste fidèle au Droit national, au principe monarchique. Elle maintient avec une égale fermeté ces deux articles fondamentaux de son symbole : les Droits du Roi et les Libertés du Peuple.

Elle commence, dès 1829, contre le Ministère des Ordonnances cette croisade pour la Liberté qu'elle doit poursuivre après 1830 contre les Doctrinaires et les embastilleurs.

La **Gazette** proposait, alors, de casser la majorité des 221 et les collèges d'électeurs à 100 écus, qui l'avaient produite ; de rentrer dans le droit commun par une loi municipale qui eût réellement émancipé les communes et les départements, puis, de porter la question au jugement de la Nation convoquée en Assemblées primaires.

V

APRÈS 1830

Après le 9 août 1830, la **Gazette** fit les plus grands efforts pour empêcher la violation de la loi fondamentale d'hérédité royale. Elle demanda la prolongation de la Lieutenance générale, — la formation d'un Conseil de Régence, — la convocation de la Nation pour délibérer sur la situation et trancher la question de majorité.

Cette polémique se termina par deux procès, une condamnation à trois mois de prison et 4000 francs d'amende.

Ces violences n'étaient pas de nature à calmer les ardeurs de la **Gazette** dont toutes les années sont marquées par plusieurs procès. En 1848, elle comptait qu'elle avait été frappée de 7 ans 7 mois et 6 jours de prison et avait payé près de 400 000 francs d'amende. Un instant elle eut sept gérants en prison.

Toute la politique de la **Gazette** se résumait dans cet ordre de discussion : L'omnipotence des majorités devenait le principe même du nouvel ordre de choses ; ce principe, funeste et dangereux, en ce qu'il consacre le droit de révolution et introduit un élément de désordre dans la Constitution de l'État, offrait au moins l'avantage de présenter une issue pacifique pour échapper à la situation anormale dans laquelle la France avait été placée. Une Assemblée vraiment nationale pouvait, dès lors, réparer les lésions faites à la Constitution par une Assemblée de monopole.

4

La France pouvait, sans sortir des voies légales, rectifier elle-même, par la seule puissance de sa raison, les déviations produites par les passions révolutionnaires.

C'est cette politique que les rédacteurs de la **Gazette** proclamaient sur les bancs mêmes des cours d'assises, tribune nouvelle que lui avaient élevée les poursuites renouvelées du ministère public.

Voici un passage de la plaidoirie que Genoude présenta lui-même devant le jury, le 20 janvier 1832 :

« Tout attendre de la raison et des lumières de la France, disait-il en face du jury, lui montrer sans cesse les libertés dont elle a joui pendant quatorze cents ans, et placer dans une assemblée générale le remède aux maux dont elle est accablée, voilà le plan que j'ai constamment suivi. Dès les premiers jours de la Révolution, je n'ai cessé de répéter : point de guerre civile, point d'émigration, point d'invasion, point d'appel aux étrangers ; tout pour la France et par la France. L'étude de notre histoire et du caractère national, tous les événements accomplis depuis l'origine de la Monarchie jusqu'à ce jour, sous Philippe de Valois, Charles V, Charles VII, Henri IV, Louis XIV et Louis XVIII, m'ont convaincu que rien ne pourrait exister sans les deux principes de notre Constitution nationale : le droit héréditaire et la liberté politique, et que tous les efforts des hommes de talent s'épuisaient vainement à vouloir quelque chose de durable hors de ces bases immuables ; de là mon appel constant à la nation. Les communes et les provinces émancipées, nos cinq millions de chefs de famille appelés, par plusieurs degrés d'élection, à participer à la formation de la représentation nationale, tel est le symbole de l'*École française* à laquelle je me fais honneur d'appartenir.

« Périssent mes opinions, si elles ne sont pas dans l'intérêt de la France ! Ce vœu, que j'ai exprimé déjà, je le répète devant vous ; je n'ai pas une pensée, pas un sentiment qui ne se rapporte à mon pays, à cette noble France, terre de générosité, de raison et d'honneur. »

Citons cet autre passage, extrait d'une plaidoirie du même Genoude devant la Cour d'appel du 7 février 1832 — les procès se multipliaient, on le voit : « Le droit héréditaire et le vote universel hiérarchiquement établi doivent marcher ensemble. Le tort des Doctrinaires qui firent la Charte de 1814, ce fut de les séparer et de les tourner l'un contre l'autre. Pendant les quinze années de la Restauration, nous nous sommes trouvés séparés, parce que chacun de nous défendait un de ces principes suivant que nos inclinations nous y portaient davantage, ou suivant que nous les croyions plus ou moins menacés. Quand ils seront réunis, il n'y aura plus ni royalistes ni libéraux, il n'y aura plus que des Français. »

Tous les procès n'étaient pas malheureux pour la **Gazette**.

Sans vouloir les rappeler, malgré leur intérêt historique, nous citerons ceux que lui fit le Parquet coup sur coup en 1883 : l'un pour avoir rendu compte dans le journal des cérémonies qui eurent lieu à l'occasion de la majorité de Henri V, l'autre pour avoir exposé la théorie du refus de l'impôt. Le gérant de la **Gazette de France** est prévenu :

« 1° D'attaque contre les droits que le Roi des Français tient du vœu de la nation, exprimés dans la Déclaration du 7 août 1830, etc. ;

« 2° De provocation à la désobéissance aux lois. »

C'est à propos de ce second procès touchant le *refus d'impôt* que la **Gazette** présenta comme un moyen d'opposition parfaitement légale, que Genoude exposa la légitimité du droit absolu du contribuable.

Il cita triomphalement l'opinion des plus grands jurisconsultes et rappela les termes mêmes de la belle Déclaration par laquelle Louis XVI convoqua, le 24 janvier 1789, six millions de Français pour élire les représentants de la France.

« Le Roi, en adressant aux diverses provinces soumises à son obéissance « des lettres de convocation pour les États généraux, a voulu *que tous* « *ses sujets* fussent appelés à concourir aux élections des députés qui « doivent former cette grande et solennelle assemblée.

« Sa Majesté a désiré que, des extrémités de son royaume et des habi-« tations les moins connues, chacun fût assuré de faire parvenir jusqu'à « elle ses vœux et ses réclamations.

« Sa Majesté a donc reconnu qu'au moyen des assemblées générales « ordonnées dans toute la France, elle aurait ainsi une communication « avec tous les habitants de son royaume, et qu'elle se rapprocherait de « leurs vœux et de leurs besoins d'une manière plus sûre et plus immédiate.

« Le Roi, en réglant l'ordre des convocations et la forme des assemblées, « *a voulu suivre les anciens usages.* Les paroisses, les bourgs ainsi que les « villes s'assembleront dans le lieu ordinaire de l'assemblée et devant le « juge du lieu, à laquelle assemblée auront droit d'assister *tous les habi-*« *tants nés Français* et *naturalisés*, âgés de vingt-cinq ans, domiciliés et « compris au rôle des impositions, pour *concourir* à la *rédaction* des *cahiers* « et à la nomination des députés. »

Le directeur de la **Gazette de France** invoquait à l'appui de son droit de refus de l'impôt les autorités les plus considérables et l'opinion des personnalités occupant, alors, les premières situations de la magistrature.

Il citait ce mot dit à un de nos Rois :

« Cette nécessité, *le droit de résistance par le refus de l'impôt,* est une vérité que les Anglais ont très bien comprise. C'est par le refus des subsides que l'Angleterre a obtenu la plupart de ses libertés. Voilà ce que signifie ce mot si connu et si expressif du chevalier Wentworth : *Subsides et plaintes se sont tenus par la main.* »

Il invoquait cet exemple des Normands, cité par M. Merilhou, « organisant des associations pour le refus d'impôt. »

Le refus d'impôt conseillé par la **Gazette de France** à tous les citoyens auxquels on refusait des libertés qui étaient bien à eux, le journal royaliste y revenait sans cesse.

On peut dire qu'il n'a jamais cessé d'appeler l'attention des Français, opprimés par une secte révolutionnaire, sur l'usage de cette arme de combat, très pratique pour ceux qui ont assez de courage et d'amour de leurs libertés pour la manier.

La **Gazette** publia un plan complet de résistance basé sur le refus d'impôt.

Sur plus d'un point du territoire on chercha à mettre en pratique ce moyen d'opposition légale, mais les agents du fisc montrèrent une si violente attitude que le refus d'impôt ne put se généraliser.

Quoi qu'il en soit, la **Gazette** gagna son procès devant la Cour d'assises qui l'acquitta, reconnaissant, ainsi, que le refus d'impôt, désagréable pour le Gouvernement, était parfaitement légal.

VI

La **Gazette** était réellement le centre d'action de tout le Parti Royaliste.

Le loyal duc de Fitz-James, une de nos plus belles illustrations militaires, le duc de Bellune, demandaient à la **Gazette** de déclarer qu'ils étaient avec elle et ne voyaient de salut pour la France que dans ces deux principes constitutifs : le Roi héréditaire et le vote par communes de tous les Français contribuables.

Le chef éloquent de la Droite parlementaire, Berryer, écrivait à Genoude :

« Oui, j'ai toujours pensé qu'un peuple qui n'est pas rassemblé d'hier, qui a traversé quatorze siècles en développant, avec un immense succès, ses lois, son administration, ses arts, ses sciences, son industrie, en faisant sentir aux autres peuples la puissance de ses armes et de son intelligence, n'en est pas réduit à chercher sa Constitution et à se créer des maximes de gouvernement et de liberté; qu'il possède dans les monuments de son histoire et de sa législation tout ce qui lui est nécesaire pour assurer sa dignité au milieu des nations européennes, et chez lui-même sa force et sa liberté.

« C'est dans cette longue vie d'un peuple que se consacrent les principes immuables de la Constitution ; c'est ainsi que la France a établi ses lois fondamentales contre lesquelles toutes les entreprises des factions sont vaines, parce qu'il ne saurait rien se faire contre elles qui ne fût nul de soi.

« Telle est la loi qui règle la France, l'ordre de succession au trône, le droit royal qui est le premier des droits du peuple, parce qu'il est la garantie de tous les autres.

« Telle est la maxime qu'aucun impôt ne saurait être établi sans le consentement au moins médiat de ceux qui doivent le payer.

« Ainsi, encore, la *liberté des communes*, la *liberté de l'enseignement*, *l'indépendance de la religion* et la *liberté du culte sont les lois fondamentales de la Monarchie française.* »

La **Gazette** avait groupé toutes les illustrations du pays, les forces vives de la Nation. On vit dans le mouvement qu'elle avait créé et qu'elle soutenait avec une ardeur que rien ne ralentissait, des Français de tous rangs.

Citons quelques-uns des noms qui forment comme le Livre d'Or du Parti Royaliste d'action, pendant cette phase d'une lutte héroïque pour la conquête des Libertés nationales :

Le *vicomte d'Ambray*, pair de France démissionnaire ; le *marquis de Bréẓé*, pair de France ; le *duc de Bellune*, maréchal de France ; le *vicomte d'Arlincourt, Battur, Cyprien, Desmarais, Bayard de la Vingtrie*, le *vicomte de Bonald*, pair de France ; le *vicomte de La Rochefoucauld*, le *comte Jacques de Puységur*, le *comte de la Ferté-Senectère*, de *Saint-Vincent, Augier de*

Cremiers, ancien sous-préfet ; *Charles de Cremiers, F. de Fontaine, J. de Curel*, ancien capitaine d'état-major ; le *baron de Chaulieu*, ancien sous-préfet du Finistère et de la Loire ; *Benoist ; Blondel d'Aubers*, ancien maître des requêtes et préfet du Gers ; *de la Haye, Devaulx, Guay, Dupuy de la Porte ; Leroux du Châtelet*, député de 1815 ; *d'Armint*, capitaine adjudant-major démissionnaire ; *de Clermont*, ex-capitaine de dragons ; *de Clinchamps*, ex-garde du corps du Roi ; *Legrand*, le *baron de Wolbock, Hournou*, le *chevalier Bard*, de la Côte-d'Or, le *duc de Doudeauville*, le *comte de Nugent*, le *comte de Cursay*, le *marquis de Montesquiou Saint-Valry*, le *baron Locard*, le *vicomte de Gerould*, le *baron du Croze*, préfet démissionnaire ; *de la Maine*, ancien maire ; le *marquis de Pérignon*, le *vicomte de Puységur*, auditeur au Conseil d'État, démissionnaire ; *de Lignac, Frapet*, ancien magistrat ; le *comte de Jouffroi, Goussans, A. de Saint-Priest, Bourbon-Leblanc ; de Malartic*, ancien conseiller d'État ; *Bouxel de l'Escouet*, enseigne de vaisseau démissionnaire ; *d'Avoust ; Berryer*, député ; le *comte de Lahisle d'Auberjon*, ancien préfet ; le *chevalier de Lépinois*, ancien sous-préfet ; le *comte Lepelletier d'Aulnay*, le *baron de Batz-Tranquelleon ; Fouquet*, juge au tribunal de première instance ; le *marquis de Lentilhac*, officier d'état-major démissionnaire ; *Meslin*, conseiller à la Cour royale de Paris, démissionnaire ; le *comte Curial*, officier d'ordonnance à l'expédition d'Afrique ; *Colas de Lanoue*, ex-président de chambre à la Cour royale d'Orléans ; *de Pirey* père, ancien conseiller au Parlement ; *de Pirey* fils, ancien officier de cavalerie ; le *comte de Montalembert-d'Essé ; Compans de Ferratz*, chef d'escadron en retraite ; le *comte de Saisy, Lahirigoyen, baron de Maricourt, Tomy de la Haye, de Saint-Laurent*, le *comte d'Hautefort*, le *comte de Grive*, ancien général des gardes nationaux du Jura ; le *marquis de Boyer, de Lambert, de Salles ;* le *vicomte de Morandais*, ancien officier de la garde ; *Juge de Davilledieu ; de Privezac*, ancien élève de l'École polytechnique, ancien magistrat ; *de Fourvière*, le *baron Berthier de Viviers, Devaux, Veillet-Prost ; de Saint-Périer*, ancien capitaine de cavalerie ; le *chevalier de Forceville*, ancien garde du corps du Roi ; *de Sainte-Marie*, ancien député ; le *baron de Scorbiac ;* le *vicomte de Suleau*, ancien conseiller d'État ; *Fleury, Mainviel ; Crucy-Duvar*, procureur du Roi démissionnaire, etc., etc.

Le mouvement de la presse de province fut unanime à cette époque. Tous les journaux fondés depuis 1832 par les Royalistes proclamèrent le même symbole de la politique nationale. C'étaient : la *Gazette d'Auvergne*, la *Gazette de Franche-Comté*, la *Boussole*, la *Gazette du Languedoc*, les *Mélanges occitaniques*, la *Gazette d'Anjou*, la *Gazette de Metz*, la *Gazette du Limousin*, le *Journal du Bourbonnais*, la *Gazette du Rouergue*, le *Mémorial agenais*, la *Gazette du Maine*, l'*Orléanais*, la *Gazette de l'Ouest*, la *Gazette du Périgord*, la *Gazette du Berry*.

VII

Le premier cri de la Réforme est parti de la **Gazette de France.** A la vue des complications et de la situation violente créées par la Révolution, elle comprit que la Réforme électorale serait le seul moyen légal d'amener une solution pacifique. Repoussée par le Libéralisme vainqueur, cette idée gagna cependant peu à peu les esprits. Elle eut bientôt des orateurs, des journaux, grâce à l'active propagande des Dreux-Brézé, des La Rochejaquelein, des Corbière, des Bonald, des Villèle, des Béchard, des Larcy.

Le parti libéral essayait d'enrayer le mouvement qu'il dénonçait comme un mouvement « anarchique. » Lafayette répondait à un Royaliste qui demandait l'élection à deux degrés, sur la base du droit commun : « Nous ne voulons pas d'une loi qui amènerait les Royalistes dans la Chambre. »

M. de Villèle ne tarda pas à publier un éloquent manifeste en faveur de nos Libertés. La Réforme devint, dès lors, le mot de combat des Royalistes d'action, dont la **Gazette** était l'organe.

La lutte fut vive. Le Gouvernement eut recours à tous les moyens pour atténuer l'influence de ce journal. Les procès ne l'intimidant pas, on eut recours à la Diplomatie et les Libéraux obtinrent, par l'intermédiaire de M. de Metternich, un des derniers débris de l'école dont Talleyrand fut le chef, de faire fermer, à la **Gazette**, l'Autriche, la Russie, la Prusse, les États Sardes et l'Italie. Cette mesure enleva six mille abonnés à la **Gazette.** Le coup fut rude, mais n'arrêta pas la feuille royaliste, qui ne cessa, en dépit des difficultés de toute nature, qu'on lui suscitait, de combattre la Révolution, sous le masque libéral qu'elle avait pris, et de demander les Libertés dont la Secte des Doctrinaires avait dépouillé la Nation.

On arriva ainsi à 1848 que la **Gazette** avait prévu si longtemps à l'avance.

En 1829, elle écrivait : « Nous serons bientôt en *démocratie royale*. »

En 1848, elle montrait que nous tomberions dans la République « qui ne pouvait que donner le socialisme dont elle était l'incarnation. »

VIII

L'attitude de la **Gazette de France**, après 1848, était très nette. Elle considérait qu'après tant de révolutions, on devait rentrer enfin dans les conditions politiques qui pouvaient seules assurer l'existence nationale. Elle disait, le 27 février :

« L'édifice social est à reprendre par les bases, et il faut que ces bases soient solides, fondées sur l'égalité des droits et sur la vérité de la représentation nationale.

« Il est temps que la France soit à jamais à l'abri, par ses institutions, des déceptions et des roueries, et que ce peuple si noble et si confiant n'ait plus rien à craindre de personne.

« Vienne donc l'Assemblée nationale que nous appelons de tous nos vœux ! Nous n'avons jamais cessé de dire que quand la France serait représentée, elle étonnerait le monde par sa sagesse autant qu'elle l'a étonné par son courage, par son héroïsme et par sa générosité.

« Depuis dix-huit ans nous n'avons cessé de demander que la France proclamât, dans la plénitude de sa liberté et de son droit, toutes les institutions qui lui sont nécessaires.

« Là est l'œuvre, là est la tâche de tous les bons citoyens, là est l'esprit véritable du mouvement qui se fait aujourd'hui.

« Plus de partis! Plus d'arrière-pensées! Plus de réserve! Nous allons travailler tous à élever un édifice dans lequel tout le monde soit à l'aise.

« On a dit souvent que toutes les libertés se tiennent par la main; non seulement elles se tiennent, mais encore il en est qui sont nécessaires à l'exercice des autres et les précèdent pour ainsi dire.

« Ainsi le droit national du consentement de l'impôt et du concours à la formation de la législation a pour compagnons indispensables le droit de réunion et d'association, et la liberté de la presse, qui est le corollaire de la liberté électorale et représentative.

« L'association, la presse, la tribune : voilà l'ordre de cette trinité de Liberté.

« Le Gouvernement qui s'apprête à convoquer la nation doit donc, comme préliminaires de cette grande mesure, abolir les lois faites contre les associations et contre la presse. Il faut qu'il rétablisse, en le régularisant, le droit de se réunir en assemblées politiques, qu'il brise les entraves fiscales et judiciaires qui tiennent la presse enchaînée.

« Si la convocation de la nation résulte d'un droit naturel, imprescriptible, inaliénable, qui domine le Gouvernement lui-même, les autres droits inhérents au droit représentatif participent de sa nature et sont inviolables, imprescriptibles comme lui.

« Il ne s'agit pas ici de faire des lois; il s'agit, pour mettre en vigueur le droit national, de suspendre tout ce qui peut lui faire obstacle. Un pouvoir même provisoire est compétent pour cela. »

Elle publie, le 1er mars, en forme de Déclaration :

« Tout le monde sait que depuis dix-huit ans nous défendons l'égalité des droits politiques, et que nous n'avons cessé de lutter par la presse ou dans les élections et dans les assemblées, pour la réalisation de ce principe, la seule base possible de l'ordre dans les sociétés éclairées.

« Le peuple français a conquis en quelques heures ces droits dont hier encore on niait jusqu'à l'existence; nous sommes heureux de sa victoire, nous sommes pleins de confiance dans l'avenir que le triomphe du droit national a ouvert au monde.

« L'action que nous continuerons à exercer sera donc dans le sens du mouvement d'émancipation et de progrès auquel nous sommes tous associés. Des élections vont appeler l'universalité des Français à nommer une Assemblée vraiment nationale, nous irons à ces élections dans un esprit de patriotisme pur, mettant au-dessus de tout l'intérêt de la France, et nous nous engageons à n'accorder nos suffrages qu'à des hommes dont le caractère moral, l'énergie, la sagesse et les lumières nous donneront la certitude que dans la Constitution ils feront inscrire les droits imprescriptibles des citoyens avec toutes les garanties de l'égalité, de la liberté et de l'ordre, et qu'ils concourront de tous leurs efforts à l'amélioration du sort des classes ouvrières.

« Enfin nous prenons l'engagement de ne nous préoccuper que de l'intérêt du peuple français, de son bonheur et de sa gloire. »

Le 2 mars, elle fait de pressantes recommandations à ses amis :

« Il est nécessaire qu'il se forme partout des comités nationaux pour assurer la liberté et l'universalité des votes. Des comités se chargeront de constater partout les faits électoraux.

« La violence ne serait pas moins condamnable que la corruption du régime qui vient de finir, et n'entacherait pas moins les élections !

« Songeons bien que l'épreuve qui va être faite est de la plus haute importance. Des élections vraies sauveront le pays, des élections faussées remettraient encore son avenir au hasard. »

Le 6 mars, elle devient plus pressante encore, et signale le danger d'une déviation qu'elle constate avec tristesse, et d'un escamotage dont elle signale les périls pour l'avenir du pays :

« Deux actes importants sont publiés aujourd'hui : le manifeste à l'Europe et la convocation des assemblées électorales pour le 9 avril prochain.

« Nous voulions l'Assemblée nationale par le vote universel ; mais nous voulions que la loi fût faite de telle sorte qu'il y eût universalité et sincérité des votes. *Le vote direct ne peut donner ces résultats*, parce que les citoyens seront loin de leur résidence, et que dans tous les cas ils seront forcés de voter pour des candidats qu'ils ne connaîtront pas.

« Le Gouvernement provisoire s'est trompé. *Sa première faute* a entraîné toutes les autres. *Il devait convoquer la nation en entrant à l'Hôtel de Ville.* Il ne l'a pas fait. Il a produit toutes les confusions de ce temps.

« Nous espérons que la sagesse de la grande nation réparera toutes les fautes commises et qu'elle surmontera les difficultés dans lesquelles on s'est engagé. »

Le 7 avril, la **Gazette de France** publie une « Circulaire électorale » qui porte :

« La liberté individuelle ;
« La liberté de la presse ;
« La liberté religieuse ;
« Le droit d'association, qui seule peut nous donner une bonne organisation du travail ;
« La sincérité de l'institution du jury ;
« La liberté d'enseignement ;
« L'inviolabilité de la propriété et la plus grande économie dans les dépenses publiques. »

La circulaire de Ledru-Rollin fait comprendre à chacun que la Secte qui s'est emparée du pouvoir, loin de laisser la parole à la France, entend que les députés soient nommés comme des fonctionnaires dévoués.

La **Gazette** écrit (9 avril) :

« M. Ledru-Rollin vient de faire un grand miracle. Il a ressuscité, retrouvé la Chambre introuvable de 1815. Les circulaires vont lui donner une assemblée d'hommes fidèles, purs, dévoués et sans tache. C'est à faire envie à ce bon M. de Vaublanc, à MM. de Labourdonnaye, de Marcellus et de Puymaurin, s'ils vivaient encore. Ce ne seront pas, si l'on veut, les voltigeurs de Louis XV, avec le chapeau à lampion, les ailes de pigeon,

l'habit chamarré, les épaulettes en faux-fuyant et l'épée en queue de singe.
Nous aurons ceux des Cordeliers, des Jacobins et de la Montagne,
citoyens très actifs malgré leur âge, et qui soutiendront la République
comme les autres ont soutenu la Monarchie, à force d'épurations et de
catégories. »

La **Gazette** signale les manœuvres du Parti démocratique :

« Déjà ses remarques, dit-elle, s'élèvent contre les résultats du vote
universel direct avec scrutin de liste, quoique ce ne soit pas là le vote
national consacré par la tradition et par le bon sens français ! »

Elle conclut :

« Il faudra donc, bon gré mal gré, qu'on arrive à ces deux lois : le vote
universel et le Pouvoir héréditaire, seules conditions de la liberté et de la
stabilité en France. »

La **Gazette** signale le plan de conduite adopté par quelques citoyens :

« Laissons, disent ces habiles, laissons essayer la République démocratique jusqu'à sa dernière conséquence : la France, reconnaissant l'impossibilité de la démocratie, c'est-à-dire du gouvernement du peuple lui-même,
se jettera du côté du Pouvoir absolu. »

Et la **Gazette** d'ajouter :

« Nous ne sommes ni démocrates, ni théocrates, ni aristocrates. Nous
ne croyons pas plus à la possibilité d'une aristocratie et d'une théocratie,
que d'une démocratie. »

Les difficultés prévues surgissent. La faute initiale de la secte démo-
crate produit ses conséquences. Le 15 mai éclate.
Étudiant ce mouvement, la **Gazette** écrit :

« La parole est aux événements.
« Aujourd'hui comme au 24 février, comme toujours, ils viendront
confirmer nos avertissements et notre langage.
« Qu'avons-nous répété depuis deux mois ? Que le mot *Démocratique*,
joint si étourdiment au mot *République*, était une source de désordre, une
cause d'inquiétude qui arrêtait le travail, détruisait le crédit et tenait
suspendue sur la société la menace des collisions et des guerres civiles.
« Eh bien ! le cri de *Vive la République démocratique !* était le cri de
ceux qui proclamaient à l'Hôtel de Ville le gouvernement provisoire des
citoyens Barbès et Blanqui.
« Nous avons dit aussi que la démocratie avait le *communisme pour
conséquence* et *pour développement* : on peut voir la liste de ce gouvernement provisoire, composée à la fois de montagnards et de *socialistes*.
Est-ce clair ?
« Il faut donc, si l'on veut éviter le retour de désordres pareils à ceux
que le bon esprit de la garde nationale a conjurés, *changer l'adjectif de
la République*. »

La **Gazette** insiste :

« Les faits sont conformes à tous les précédents de ce genre : l'Assemblée nationale envahie et dissoute au nom du peuple, un gouvernement provisoire proclamé, s'installant à l'Hôtel de Ville, et la garde
nationale sans direction, attendant dans les mairies des ordres qui ne

venaient pas, c'étaient bien là les images d'une des phases de révolutions auxquelles il nous a été donné d'assister, mais ce n'étaient que des images. En France, aujourd'hui toutes les pensées gravitent vers l'ordre. Nous l'avons dit souvent :

« Les révolutions qui finissent ne ressemblent pas aux révolutions qui « commencent. »

« La tentative d'hier était coupable et insensée; mais ce n'est pas par le défaut de logique qu'elle péchait.

« Ne comprendra-t-on pas que le *mot* DÉMOCRATIE, qui signifie *le gouvernement du peuple*, autorise les factions qui se disent les organes des sentiments et des intérêts populaires, à essayer par la violence de dominer et de destituer les Gouvernements et les Assemblées quand ils ne font pas ce qu'elles croient être la volonté du peuple.

« Dira-t-on que ces Assemblées sont élues par tout le peuple? Mais les gouvernants eux-mêmes ont assuré, lors des élections, *que tous les abus d'influence leur étaient permis, parce que le peuple subissait le joug d'une bourgeoisie égoïste.* D'ailleurs, dans la pensée des démocrates, une assemblée qui résiste aux *conséquences des principes démocratiques* ne saurait représenter le peuple. *Et les conséquences de la démocratie, c'est la mise en commun des richesses, soit dans les mains de l'État, comme le voudrait M. Cabet, soit par le partage des terres, comme le voudraient d'autres socialistes.*

« Montesquieu a dit : « La loi agraire est de l'essence de la démo-« cratie. »

« Ayons donc de la logique si nous voulons avoir de l'ordre autrement que par le dévouement énergique des citoyens armés. »

Le 18, la **Gazette** achève de caractériser le mouvement par ces appréciations et ces citations curieuses :

« Les démocrates n'ont été un moment triomphants à l'Assemblée nationale et à l'Hôtel de Ville que pour afficher aux yeux de la France entière ce qui arriverait si leur triomphe était complet.

« Le milliard sur les riches, la guerre universelle, point d'Assemblée possible, un comité de salut public composé de démocrates et de communistes, voilà donc ce qu'il y avait au fond de ce mot *démocratique dont on a subi l'empire au 24 février.*

« M. Caussidière a tué la République hier par un mot plein de bon sens : « Je me suis trouvé sans force. Moi, préfet de police, j'ai été réduit « à l'état de gendarme. Cela vient de cette manie que tout le monde a de « vouloir être général et de commander. »

« Tout le système de M. de Lamartine, qui a consisté à dorer l'anarchie, s'est trouvé résumé par M. Caussidière dans cette parole :

« J'ai voulu faire l'ordre avec le désordre. »

La **Gazette** signale le danger de l'arbitraire se substituant au Droit et des Sectes libérales et anticatholiques qui triomphaient avec Cavaignac :

« Nous avons affirmé que c'était la politique de M. Cavaignac qui avait renversé la puissance du Pape à Rome, et nous avons cité à l'appui de cette assertion un article du *National* où l'on disait expressément que la République de Paris donnait la main à la République de Rome. La réforme préparée par le Pape est devenue une révolution, grâce aux hommes du 24 février. Comment recevoir le Souverain Pontife, après lui avoir enlevé

sa couronne, comment lui dire : « Vous êtes notre chef spirituel, puisque
« vous êtes le chef des catholiques, mais votre pouvoir temporel est tombé,
« et nous en sommes bien aises? »

« Il aurait autant valu enlever le Pape comme la République et Napoléon. Il y avait là une hypocrisie de moins.

« La République française a créé la République romaine, et la République romaine a chassé le Pape.

« M. Marrast écrit au nonce des lettres en faveur de l'évêque de Rome,
et le *National* proteste contre l'union du pouvoir spirituel et du pouvoir
temporel. C'est-à-dire contre la Papauté.

« Gâchis! gâchis!

« La question de la souveraineté du Pape paraît complexe au premier
abord; cependant *elle est une. Le pouvoir temporel est essentiel, est
nécessaire au pouvoir spirituel ;* le Pape ne peut pas être le sujet de
l'empereur d'Autriche ni du roi de France, encore moins du roi de Prusse
ou d'Angleterre. Trente Papes ont dû *consacrer par leur sang leur indépendance en présence des empereurs de Rome;* ils ont dû défendre *à ce
prix devant les empereurs romains la liberté spirituelle.*

« Jamais le mot de Tacite : *Omnia serviliter pro dominatione* n'a trouvé
une application plus juste que dans les hommes du pouvoir.

« Leur conduite envers le Pape est peut-être ce qu'il y a de plus
singulier encore dans tout ce qu'ils ont fait pour prendre le pouvoir. L'état
de siège, la suspension de la presse, ce n'était que de la palinodie et de
l'apostasie; mais quel nom donner à leur conduite envers le Pape? Ils
vont couronner de fleurs cette auguste victime et fraterniser avec ceux
qui l'ont chassé et dont les balles ont atteint son palais. »

L'opposition contre Cavaignac fut très vive. Cavaignac y crut mettre
un terme en envoyant une escouade occuper militairement l'imprimerie
de la **Gazette**, impasse du Doyenné. Cavaignac était convaincu que les
baïonnettes auraient raison de la plume de ses adversaires. La mort seule
brisa la plume de cet infatigable défenseur du Droit et des libertés des
Français.

La **Gazette de France** publie dans le numéro du 25 avril 1849 l'article
suivant :

« La France et la cause nationale, la religion, la politique et les lettres
viennent de faire une perte immense : M. Eugène de Genoude, directeur
de la **Gazette de France**, est mort à Hyères le jeudi 19 de ce mois. Cette
mort a été presque instantanée ; elle a été occasionnée par un épanchement
de sang dans la poitrine. Hier, le télégraphe avait annoncé cette triste
nouvelle ; mais il était permis de conserver quelque espérance. Aujourd'hui
des lettres de M. René, le second fils de M. de Genoude, et des corres-
pondances particulières, parvenues à l'Assemblée nationale, n'ont plus
laissé de doutes sur la réalité du déplorable événement. Il a été, de la part
des hommes de toutes les opinions, l'objet de vifs regrets et d'honorables
témoignages de considération et d'estime.

« Plongés dans la plus profonde douleur, les coopérateurs et les amis
de M. de Genoude ne peuvent se livrer à tous les sentiments dont leur âme
est remplie. On ne doit pas attendre d'eux, dans ces pénibles moments,
le tribut qui est dû à un homme dont toute la vie a été consacrée à la
défense de la religion, de la Monarchie et de la liberté, dont la dernière

pensée a été pour cette France qui avait tout son amour. Tout ce qu'ils peuvent faire dans cette douloureuse circonstance est de recueillir leurs forces et de s'inspirer plus que jamais de la pensée qui leur a servi de guide.

« Nous pouvons dès aujourd'hui annoncer que la **Gazette de France** ne fléchira pas dans sa mission ; les hommes dévoués, qui, depuis deux

GENOUDE

mois, ont consacré leurs soins à remplir le vide laissé par l'absence de M. de Genoude redoubleront d'efforts, et ils espèrent pouvoir annoncer bientôt les mesures qui auront été prises pour que la direction et la rédaction du journal n'éprouvent aucun affaiblissement.

« M. de Genoude laisse deux fils dignes de lui, MM. Henri et René ; le premier, absent, est attendu prochainement à Paris ; le second, chargé de la triste mission de ramener la dépouille mortelle de son père, dont il a recueilli le dernier soupir. »

IX

M. de Lourdoueix devient directeur du journal où il avait écrit depuis la fusion des trois journaux : l'*Étoile*, le *Journal de Paris* et la **Gazette de France.**

On est à la veille des élections. La **Gazette de France** dit :

« Tant que le vote universel restera en vigueur, nous ne cesserons d'avoir foi dans l'avenir de la France, parce que nous avons foi dans le peuple français. Nous cherchons toujours à comprendre sa pensée en la rapprochant de la raison la plus haute, et la raison la plus haute, aujourd'hui, c'est que la France ne saurait s'établir dans la situation que les républicains de la veille et du lendemain lui avaient faite, pas plus qu'elle ne s'établirait dans celle que MM. Ledru-Rollin et Proudhon voudraient lui faire.

« La situation est déjà dessinée pour les hommes politiques.

« Le fait républicain a produit son dernier terme : LE SOCIALISME.

« Par cette raison même, l'intérêt social produira dans les idées son dernier terme : L'HÉRÉDITÉ. »

Lourdoueix s'attacha à démontrer à ceux qu'illusionnaient la République et son démocratisme que « la démocratie est une impossibilité logique, un mensonge. »

La **Gazette** fit une active campagne pour éclairer les Français sur cette erreur et leur éviter les mécomptes qui devaient en découler.

Lourdoueix montrait, par l'histoire, dont il invoquait sans cesse le témoignage, que la République démocratique menait droit aux abîmes du socialisme et du despotisme.

Il est intéressant de faire de larges coupures dans les pages signées de son nom, touchant ce sujet :

« On a décrété la République.

« On a été plus loin encore : on a décrété que cette République serait *démocratique.*

« C'est-à-dire qu'on a jeté la France dans *cette impossibilité logique* démontrée par Rousseau !

« On avait à choisir entre une forme de gouvernement qui, pendant quatorze siècles, avait fait la grandeur, la prospérité et la gloire de la France, qui avait permis au génie national de se développer librement dans toutes les voies, d'élever le peuple français au-dessus de tous les peuples, qui s'était prêtée à tous les progrès de la civilisation, à toutes les conquêtes de la liberté ;

« Et une forme qui, essayée il y a un demi-siècle, n'avait pu, dans ses dix années d'existence, que couvrir la France de ruines et de sang ; qui l'avait forcée de se jeter dans les bras du despotisme pour échapper à l'anarchie, et de passer de la boucherie des échafauds à la boucherie des champs de bataille, pour finir par être écrasée sous deux invasions.

« On a choisi cette dernière forme de gouvernement.

« On a mis la République dans les faits quand la Monarchie était dans les mœurs, dans les intérêts, dans les nécessités de la France.

« Qui a fait cette faute ? Est-ce la nation entière délibérant dans ses comices ? — Non.

« Est-ce une assemblée des délégués du peuple français choisis par le vote universel ? — Non.

« Est-ce une réunion de notables, se trouvant par le fait, si ce n'est par le droit, en possession d'un pouvoir quelconque, et prenant sur elle de décider les questions posées par une révolution imprévue, et de refaire le gouvernement afin d'éviter à la société les maux de l'anarchie ? — Non, ce n'est pas même cela.

« Ce sont neuf citoyens portés par une émeute triomphante à l'Hôtel de Ville de Paris, et ne puisant dans les circonstances d'autre mandat, d'autre devoir que celui de convoquer la nation et d'assurer par des mesures d'ordre la liberté, la sincérité des élections.

« Au moins, ces neuf citoyens, qui ont exercé un pouvoir supérieur à celui des rois, ont-ils mis dans leur résolution la maturité nécessaire à de pareils actes? Les décisions prises par eux ont-elles été précédées d'une délibération politique solennelle, contradictoire? A-t-on posé les questions, les a-t-on discutées, a-t-on examiné les conséquences logiques, nécessaires, que leurs diverses solutions devaient avoir pour la liberté, pour l'ordre public, pour le crédit, pour la propriété nationale, pour l'ascendant de la France sur l'Europe et sur le monde?

« Non, encore, tout cela s'est décidé à huis clos, en quelques heures, en quelques minutes, peut-être!

« Sur quels principes, sur quelles raisons se sont fondés ces hommes pour proclamer la République démocratique?

« Est-ce sur le droit républicain, sur le droit primitif d'un peuple à se donner le gouvernement qui lui convient?

« Mais ils violaient ce droit en décidant sans consulter la France la forme du gouvernement de la France.

« Est-ce sur la souveraineté du peuple? Mais ils usurpaient évidemment cette souveraineté. N'est-il pas de principe incontesté qu'aucune fraction du souverain ne peut se dire le souverain, qu'aucune partie ne peut agir pour le tout si elle n'a mandat du tout?

« Diront-ils qu'ils ont voulu prévenir une guerre civile inévitable, si les partis violents qui voulaient *absolument* la République démocratique ne l'avaient pas obtenue? Mais la volonté absolue d'un parti doit-elle l'emporter sur le droit d'un peuple? D'ailleurs, a-t-on évité cette guerre civile dont les anarchistes menaçaient la société, et n'a-t-il pas fallu, quatre mois plus tard, les combattre à coups de canon dans les rues de Paris?

« Un pareil acte ne saurait se justifier ni par le droit, ni par la raison. Il n'y a pas de droit contre le droit; il n'y en a pas surtout contre le droit primitif des citoyens, contre ce principe de vie qu'on a changé en cause de mort pour la société, en lui donnant une application impossible.

« Aux fauteurs de cette usurpation, il fallait une Assemblée qui, au lieu de les mettre en jugement, déclarât *que le Gouvernement provisoire avait bien mérité de la patrie.*

« Toute l'histoire des six premiers mois de l'année dernière : les circulaires, les bulletins de la République, les commissaires extraordinaires, les menaces de guerre civile faites aux électeurs, l'organisation des ateliers nationaux, les clubs, les milices rouges, le poste militaire de la rue de Rivoli, les journées d'avril et du 15 mai sont les résultats de cet intérêt commun des hommes du Gouvernement provisoire et des factions terroristes à éviter la justice nationale qui leur aurait demandé compte de l'usurpation du 25 février.

« On a parlé de connivences mystérieuses favorisant les conspirations des montagnards socialistes : il n'y a pas eu d'autre connivence que celle de la faiblesse avec la violence, pour qu'un attentat immense commis par l'une sous l'empire de l'autre ne retombât pas sur toutes deux.

« Que signifie le mot *démocratie?* Il signifie le pouvoir du peuple, le gouvernement du peuple.

« *On peut donc soutenir que, dans le monde des idées, la République appelle la démocratie;* c'est-à-dire que le mot République étant proclamé sans définition d'aucune forme particulière, la pensée revêt ce mot de la forme démocratique.

« *De même la démocratie appelle le socialisme,* car le gouvernement du peuple exige la mise en pratique du principe d'égalité dans son sens le plus absolu.

« Montesquieu l'a dit avec raison : « LE PARTAGE DES TERRES EST DE L'ES-« SENCE DE LA DÉMOCRATIE. »

« Mais on peut dire aussi que le socialisme c'est la mort ; car l'égalité proclamée non comme un principe, mais comme un droit absolu qui doit être mis en pratique, détruit la société qui est un composé d'inégalités, et la liberté qui a produit toutes ces inégalités et qui en produit toujours de nouvelles.

« Ainsi, ces trois termes se trouvaient enfermés dans la proclamation de la République au 25 février :

« La République, c'est la démocratie ;

« La démocratie, c'est le socialisme ;

« Le socialisme, c'est la mort.

« La République, proclamée sans désignation d'aucune forme qui vienne modifier l'*idée républicaine, c'est donc la mort de la société.*

« *Ce lien logique qui existe dans les idées entre la République, la démo-cratie et le socialisme* est attesté par tous les socialistes français dans leur cri de guerre : *Vive la République démocratique et sociale !*

« Voilà ce qu'on lit dans un journal de ce parti:

« Ce n'est pas sans une raison profonde que les prolétaires de France « intitulent leur République: *démocratique et sociale.* Le peuple ne se « trompe pas sur la place et sur le sens de ces deux mots. Mettre *sociale* « avant *démocratique,* ce serait mettre, selon une expression populaire, la « charrue devant les bœufs. *La révolution démocratique doit préparer la* « *révolution sociale et en être l'instrument.* »

« Le même journal prend pour épigraphe cette phrase :

« SANS LA RÉVOLUTION SOCIALE, IL N'Y A PAS DE VRAIE RÉPUBLIQUE. »

« Ainsi, la vraie République c'est le socialisme.

« Ai-je besoin de prouver que le socialisme c'est la mort de la société ?

« M. Considérant n'a-t-il pas déclaré du haut de la tribune nationale qu'il venait apporter *un ordre nouveau ?* — Que fera-t-il de l'ancien ?

« Écoutez M. Proudhon : « Je forme une entreprise qui n'eut jamais « d'égale, qu'aucune n'égalera jamais. Je veux *changer la base* de la so-« ciété, *déplacer l'axe de la civilisation,* faire que le monde qui, sous l'im-« pulsion de la volonté divine, a tourné jusqu'à ce jour d'Orient en Occi-« dent, mû désormais par la volonté de l'homme, tourne d'Occident en « Orient. »

« Et ailleurs : « Je veux faire tenir l'univers sur la pointe d'une idée. »

« Qui de vous se trouverait bien rassuré s'il entendait saper par la base la maison où il est logé ? si l'axe du globe était déplacé sous ses pieds ? Qui voudrait que ses biens, sa famille et sa personne n'eussent plus d'autre support que la pointe d'une idée de M. Proudhon ? Qui aimerait à se sentir impliqué pour son poids dans ce tour d'équilibriste ?

« Un orateur des banquets socialistes ne nous disait-il pas, aux applaudis-sements de tous les convives, que l'édifice social devait être changé *de fond en comble ?*

« De fond en comble ! c'est-à-dire que ce qui forme les fondations de la maison en deviendra le toit, que ce qui forme le toit en deviendra la base?

« On comprend que, pour opérer un pareil changement de construction, il faut commencer par démolir la maison, sauf à laisser les locataires coucher à la belle étoile jusqu'à ce qu'on l'ait rebâtie ; si toutefois le plan qu'on a conçu se trouve réalisable, et si les matériaux peuvent se prêter au nouvel emploi qu'on en veut faire.

« *Le socialisme, qui ne voit plus dans une société que des ouvriers*, couvrirait donc la France de ruines matérielles, moindres encore que les ruines morales.

« Dira-t-on que les socialistes sont des fous? *Mais quand les folies naissent de la logique, les fous ne sont pas ceux qui tirent des conséquences justes du principe qu'on leur a donné.*

« On a donné des soldats à l'insurrection et des arguments aux utopistes pour prouver que l'ordre social mourait de ses vices ; que la civilisation était à bout de voies et qu'elle n'avait rien de mieux à faire que de se jeter dans les bras des socialistes.

« M. Proudhon n'a-t-il pas écrit alors que la France était en déconfiture et n'a-t-il pas demandé sérieusement *la dissolution et la liquidation* de la vieille société?

« Le socialisme, qui avait arraché à la faiblesse du Gouvernement provisoire la proclamation de la République démocratique, a exploité les effets du mal qu'il avait causé et s'est développé par la misère qu'il avait faite.

« On ne doit pas s'abuser, *le socialisme existe à l'état latent au fond de toutes les sociétés humaines. Il est des mots qui l'en font surgir : il y a aussi des mots qui ont le pouvoir de l'y faire rentrer.*

« Mais, pour dire ces mots qui ferment l'abîme, il ne faut pas être soi-même dans l'abîme.

« *La situation des républicains honnêtes est donc des plus mauvaises pour combattre le socialisme.* En lui accordant le mot *démocratique* ils lui ont donné la logique, or *la logique est une arme de bonne trempe qui fait des blessures inguérissables :* ils ne peuvent le frapper à fond sans que le contre-coup arrive par la démocratie à la République, et de la République aux républicains.

« *La force du socialisme considéré en lui-même* et en faisant abstraction des circonstances qui le favorisent, *est dans le mot de passe qu'on lui a donné. Ceux qui effaceront ce mot de la Constitution feront évanouir le socialisme.*

« Ce ne sont donc pas seulement vos écus que vous devez sacrifier pour vous sauver du gouffre ouvert devant vous. Ce sont vos passions, c'est votre passé trempé d'insurrection, de révolution, d'arbitraire ; ce sont vos arrière-pensées de domination exclusive. Si vous subissez des chaînes quelconques, vous serez vaincus dans le combat. Si vous voulez lier le fort armé, soyez purs d'égoïsme et d'orgueil, soyez de *grands citoyens*, *soyez vertueux.*

« *Le problème du salut des sociétés, ce n'est pas de comprimer l'élément révolutionnaire, c'est d'en affranchir le mouvement social qui ne peut jamais s'arrêter, surtout quand les principes sont faussés, quand les lois fondamentales sont violées, quand par conséquent le peuple souffre dans son travail qui est sa subsistance et son existence même.*

« Si, pour tuer le *socialisme*, vous tuez la *liberté* et le *progrès*, vous ressemblez à l'homme de la fable, qui, *pour écraser la mouche, écrase la tête de son ami.*

« Celui qui sauvera la société, c'est celui qui lui dira comme le Christ : « Lève-toi et marche. »

« Une Monarchie représentative, car c'est le mode de gouvernement le plus raisonnable et le plus parfait, celui qui concilie le mieux l'ordre et la liberté, ces deux idoles de la France.

« Sur quoi se fonde cette certitude ? Sur ce que *la Monarchie représentative est le sujet du travail traditionnel du peuple français, le but vers lequel il n'a cessé de marcher depuis qu'il existe, le mobile de ses efforts pendant ces soixante dernières années, le terme du progrès auquel il aspire.*

« Une grande nation a besoin d'un chef qui représente son unité. La preuve en est que la première République a été conduite d'une Assemblée à cinq directeurs, de cinq directeurs à trois consuls, de trois consuls à un empereur.

« La seconde République, qui a commencé aussi par une Assemblée exerçant tous les pouvoirs, a été forcée par la pression de l'opinion à instituer un président ; mais la Constitution est combinée de telle sorte que ce président est inférieur à l'Assemblée. Il ne représente que fictivement l'unité nationale, qui, en réalité, n'existe pas. Il est responsable et l'Assemblée ne l'est pas. Il n'est pas inviolable, puisqu'il peut être mis en jugement ; il est forcé d'exécuter les décrets de l'Assemblée, et même de promulguer ceux qu'il n'approuve pas. Son pouvoir est subordonné à un Conseil d'État dont les membres sont nommés par l'Assemblée. Il ne peut commander les armées ; il n'est pas chef ; il n'est qu'un magistrat amovible, il n'est pas même indépendant. On lui a donné le simulacre du pouvoir, on lui en refuse la réalité.

« Et toutes ces limites à l'autorité du président ne sont pas au profit de la liberté du peuple, elles sont au profit de la domination de l'Assemblée.

« Il faut à la France un chef héréditaire, parce qu'il lui faut un *gouvernement indépendant, et il n'y a de gouvernement indépendant que celui qui a dans son institution même les moyens de se perpétuer.*

« Il lui faut l'hérédité dans le pouvoir, parce que l'hérédité est plus qu'une institution politique, elle est *un principe social.*

« L'hérédité est la grande loi de l'humanité, c'est la base de la famille, c'est le droit de propriété.

« Si l'hérédité n'est pas dans la transmission du pouvoir, *elle n'existe plus virtuellement dans la transmission de la propriété.*

« Si le gouvernement et l'administration de la France sont donnés à l'élection, il n'y a pas de raison valable pour que l'administration d'une terre ne soit pas aussi donnée à l'élection.

« L'hérédité doit donc être placée au sommet si l'on veut qu'*elle soit à la base ;* car, si le sommet ne couvre pas la base, les intempéries de l'air et les infiltrations pluviales l'auront bientôt démolie.

« Sans l'hérédité du pouvoir, il n'y a point de perpétuité dans l'unité nationale ; par conséquent, point d'unité dans la vie de la nation.

« Le gouvernement monarchique est donc nécessaire au peuple français ; c'est la source du crédit public, la garantie d'avenir sur laquelle se font les spéculations du négoce, les grandes commandes au travail, les avances à long terme de l'agriculture et de l'industrie.

« Une Monarchie qui se croirait *un autre droit que le droit national*, et qui *voudrait gouverner sans les Assemblées des élus du peuple, serait inapplicable à la France.*

« La Monarchie représentative est donc la solution finale du problème gouvernemental que la révolution de Février a en partie résolu, par la conquête définitive du vote universel.

« Et qu'on ne vienne pas me dire qu'en ajournant à l'extinction d'une race royale l'exercice de son droit de délégation, un peuple sacrifie ce droit qui est sa plus grande dignité. Je répondrai que le droit de délégation n'est pas plus sacrifié pour ne l'exercer qu'à l'extinction d'une dynastie, qu'il ne l'est sous la Constitution actuelle, où on ne l'exercerait qu'à l'expiration du terme fixé pour la durée de la présidence.

« *Entre l'électeur qui est mort trois ans après l'élection de Hugues Capet et l'électeur qui mourra trois ans après avoir élu Louis Bonaparte*, quelle différence y a-t-il en *fait de dignité civique?* Tous deux auront exercé une seule fois la souveraineté dans ce qu'elle a de plus élevé, et seront rentrés ensuite dans les conditions ordinaires de la vie sociale. Du moment où il est reconnu universellement que le peuple ne peut exercer par lui-même le pouvoir gouvernemental, et qu'il est obligé de le déléguer, qu'importe au fond que cette délégation se fasse à terme ou à titre héréditaire? Le principe reste le même dans les deux cas, l'application seule diffère; et *le plus grand intérêt de ce peuple est la raison de cette différence dont la volonté est la loi.*

« D'ailleurs, en adoptant le mode de la délégation héréditaire, afin d'avoir un gouvernement stable, le peuple ne renonce pas pour cela à la délégation temporaire, qui reste en pratique dans la formation des Assemblées; *seulement il applique les divers modes de délégation selon le but des diverses institutions nécessaires à son existence.*

« Les adversaires de la délégation héréditaire se retranchent dans cette assertion qu'une génération n'a pas le droit de lier les générations suivantes; mais avec ce principe, on ne pourrait faire *ni des traités, ni des emprunts, ni des aliénations du domaine public, ni des changements de quelque portée* dans la législation, dans l'administration, dans le gouvernement.

« *Le crédit national repose précisément sur le principe contraire*, et, sans le crédit, que devient la puissance, que devient la prospérité d'une nation?

« Si l'on n'admettait pas la *solidarité des générations, on détruirait l'unité de la vie d'un peuple.* Il n'y aurait plus de société, il n'y aurait plus d'action possible, plus de développements, plus d'améliorations; car tout mouvement en avant engage l'avenir.

« Au reste, la génération qui délègue le pouvoir à une dynastie *ne détruit nullement le droit des générations suivantes, puisqu'elles exerceront ce droit si la dynastie vient à s'éteindre.*

« Le peuple ne pouvant gouverner par lui-même, il faut bien qu'il délègue son droit de gouverner; que la délégation soit pour quatre ans en faveur d'un président, ou pour un temps indéfini en faveur d'une dynastie, il faut toujours que l'exercice du droit soit suspendu; mais c'est *l'exercice seul qui en est ajourné;* le droit subsiste tout entier pour se trouver en exercice dans les cas déterminés par la loi constitutive.

« Il n'y a donc contre ces explications aucune objection fondée; on peut trouver dans des intérêts de parti des raisons pour les repousser, on n'en trouvera pas qui soient puisées dans l'intérêt de la France, ni dans le droit du peuple, ni dans les principes de liberté. »

« La Monarchie représentative est la solution naturelle et nécessaire de la crise où l'accident de Février nous a jetés.

« Elle est la solution naturelle de cette crise, parce qu'elle naît du droit national que cet accident a remis en vigueur.

« Elle en est la solution nécessaire parce que la Monarchie représentative seule peut réaliser ces conditions d'ordre et de progrès, de force et de justice sans lesquelles nous serions infailliblement dévorés par l'incendie socialiste.

« *La République démocratique ne peut rien pour les classes souffrantes, rien pour la grandeur de la France.* Elle ressemble à ces hommes qui ont toutes les apparences extérieures de la force, mais auxquels la rupture de quelques fibres ne permet pas de soulever le moindre fardeau. Avec elle, l'ordre matériel ne peut être conservé que par la coalition de divers partis qui sont antirépublicains, et ces divers partis se tenant mutuellement en échec, puisqu'il y en aura toujours deux pour empêcher le troisième de marcher, il est évident que le ministère qui naîtrait de leur accord serait un ministère d'immobilité, or, l'immobilité dans un état de crise, ce n'est que la durée de la crise.

« Il est donc urgent de sortir de cette situation. Pour en sortir, il faut marcher; il faut marcher non pas à l'aventure et sans direction, mais en s'orientant sur la Monarchie représentative.

« C'est bien là en réalité ce que la France a fait depuis le 25 février. Elle s'est servie successivement de tous les partis, de tous les hommes qui pouvaient l'aider à sortir du précipice où la proclamation de la République démocratique l'avait fait tomber, et à s'avancer vers la Monarchie représentative. Elle a fait quelques pas avec M. de Lamartine, quelques pas avec MM. Marrast et Bastide, un relais avec le général Cavaignac, un autre relais avec MM. Thiers et Barrot. Elle ressemble à ces voyageurs qui, voulant absolument arriver à un but déterminé, prennent des bœufs pour gravir une côte, des bateaux pour descendre un fleuve, des wagons pour suivre un chemin de fer, des mulets pour gravir une montagne, et des chevaux pour franchir la plaine.

« La pensée de la France va toujours en avant, prenant les moyens de locomotion indiqués par la nature des obstacles qu'elle rencontre. Elle n'a nul égard aux embarras de ses conducteurs. Vainement l'un d'eux lui dira : « Arrêtons-nous là : je suis républicain de la veille; » l'autre : « Nous ne saurions faire un pas de plus : je suis républicain du lendemain; » un troisième : « Je suis centre gauche, tiers parti, conservateur, etc. » Elle répondra : « Arrêtez-vous si cela vous convient; il faut que j'arrive à un lieu où je ne serai plus déchirée par les partis, où je trouverai la sécurité morale et matérielle, la paix intérieure, l'abondance, l'usage de mes forces et de toutes mes facultés. »

« Or, ce lieu qui est dans la pensée de la France, c'est la Monarchie représentative. »

Ces citations indiquent bien le courant des polémiques de la **Gazette**, pendant la période qui va de la mort de Genoude au coup d'État.

L'EMPIRE

L'Empire fit régner partout le silence.

La **Gazette**, comprise d'abord dans les « journaux à supprimer » dut la vie à son « ancienneté ». On le lui fit savoir pour l'engager à être « sage ».

Elle continua néanmoins à combattre la Révolution, mais plutôt dans les théories et les faits historiques que dans les faits accomplis, autour desquels veillait une censure vigilante.

Lourdoueix, vaincu par la maladie, dut s'éloigner de la lutte, au moment où elle redevenait possible. M. Gustave Janicot prit la direction

LOURDOUEIX

du journal, que n'avait pu conserver Paul de Lourdoueix, frappé comme son père.

L'opposition contre la politique impériale, en devenant plus vive, devait naturellement attirer sur la **Gazette** les sévérités de l'Administration.

Trois procès, onze avertissements ne purent avoir raison de la **Gazette de France**, qui avait avec elle les plus vaillantes plumes : Pont-Martin, Boissieu, Larcy, Léopold de Gaillard, Charles et Hilaire de Lacombe, Fournel, Escande, Charles Garnier, Bourgeois, Frédéric Béchard, Simon Boubée, etc., etc.

Elle manqua sombrer le jour où elle inséra, malgré la défense de l'Administration, le Manifeste du comte de Chambord traitant si magnifiquement de la question sociale. Un décret de suspension lui fut signifié.

Elle y répondit par une demande « d'appel au peuple » qui fut considérée par le gouvernement, se disant l'élu du peuple, comme une atteinte aux droits du chef de l'État.

La **Gazette**, reprenant ses anciennes polémiques, signala avec une grande vivacité les dangers de la politique socialiste à laquelle s'essayait l'Empire et que Rouher conseillait comme une diversion indispensable après les fautes commises en Italie, fautes qui n'allaient à rien moins qu'à créer l'unité de l'Italie et l'unité de l'Allemagne et à diminuer la situation de la France en Europe.

La **Gazette de France** demanda à ses amis de ne pas se laisser éblouir par une prospérité fictive, de ne pas se fier à une sécurité menteuse. Elle conseilla de répondre par un « non » au plébiscite de mai. La Presse royaliste seconda ce mouvement, autant que le permettait alors l'action des Ralliés de ce temps-là, qui pensaient qu'une opposition à un gouvernement âgé de dix-huit ans était puérile.

APRÈS LE 4 SEPTEMBRE 1870

Le 4 septembre, la **Gazette** n'hésita pas à condamner le coup de violence qui livrait la France à une secte révolutionnaire. Rapprochant le 4 Septembre du 2 Décembre, elle fit voir comment les Droits de la Nation étaient constamment violés par ceux qui se posent en défenseurs de la Souveraineté absolue du Peuple.

Elle ne cessa pas un jour, dès ce moment, à Paris, à Tours et à Bordeaux, où elle publiait une édition spéciale, de demander la convocation d'une Assemblée, seule autorisée à se prononcer sur les destinées du Pays.

Elle nia que le gouvernement qui avait escamoté le pouvoir eût le droit de diriger les affaires du Pays et invita les citoyens à tenir pour nuls les décrets des usurpateurs du 4 septembre.

C'est sur ce terrain que se firent les élections de 1871.

L'Assemblée réunie à Bordeaux, la **Gazette** demanda que le premier acte des représentants de la nation, répondant au sentiment de l'immense majorité des électeurs, fût de proclamer purement et simplement la Monarchie.

La **Gazette** montrait comment le rappel en France de toute la famille royale mettrait fin à un état de choses menaçant pour l'existence même de la Patrie. Elle disait que l'heure était venue de demander à la Royauté de sauver le pays, que la Révolution avait si gravement compromis. D'ailleurs, nul mieux que M. le comte de Chambord, dans lequel s'incarnait la plus vieille dynastie d'Europe, n'était en mesure d'obtenir un traité de paix favorable du roi de Prusse : cette Alsace et cette Lorraine, convoitées, avaient été acquises par les Rois, ses ancêtres, et, vouloir les arracher à la France, c'était déclarer la guerre à la Royauté, qui trouverait des alliances partout en Europe pour maîtriser les abus de la victoire.

Ce conseil avait été compris par un grand nombre de députés de la Droite. Mais M. Thiers, dont il déroutait tous les plans, alla jusqu'à menacer de se retirer, dans le cas où on formulerait une pareille proposition à l'Assemblée.

M. Thiers, restant maître de la situation, remplaça le comte de Chambord par Jules Favre, et par lui!!

On connaît le traité qui fut imposé!

A Versailles, on retrouve la **Gazette**, essayant, dans l'édition spéciale qu'elle y publiait, de ramener la majorité à la même politique.

Quand M. de Broglie prit le pouvoir, elle combattit résolument un ministère qui avait la coupable faiblesse de parler « du respect des institutions existantes »; institutions décrétées par les seuls usurpateurs de l'Hôtel de Ville et imposées au Pays dans les angoisses d'une invasion.

La **Gazette** avait conseillé de supprimer, avant tout, le mot de République, qui n'était pas, affirmait-elle, aussi innocent que voulait le croire le centre droit, mais au contraire fournissait une arme redoutable aux républicains qui sauraient bien en faire surgir toutes les conséquences.

Elle combattit la Constitution. A ceux qui y voyaient un innocent instrument de législation, parce qu'ils introduisaient cette clause que la « Constitution serait revisable en tout ou en partie, » la **Gazette** répondait qu'il suffirait qu'une majorité républicaine sans scrupule biffât cette garantie pour enlever aux Français leur droit, inaliénable, de disposer d'eux-mêmes.

C'est ce qui arriva.

Quand cette audacieuse usurpation du Droit national fut accomplie, la **Gazette de France** triompha tristement, comme elle triompha en gémissant, lorsqu'il fut prouvé que Boulanger n'était que le vulgaire aventurier qu'elle avait dénoncé.

Lorsqu'il s'est agi de la loi électorale, la **Gazette** se prononça contre le scrutin d'arrondissement qui annulait, en fait, la représentation nationale. Depuis, elle n'a cessé de dénoncer cette situation comme une atteinte aux droits des électeurs. S'appuyant sur les déclarations des républicains eux-mêmes qui, comme Gambetta, qualifiaient ce scrutin de *scrutin de la sophistication*, elle a vivement conseillé aux royalistes de signaler sans relâche cette atteinte aux droits du peuple : la représentation du Pays restant un mensonge sous une Législation qui donne à l'administration les moyens de fausser toutes les urnes, de *sophistiquer* la volonté de la Nation.

La **Gazette** trouve dans tous les attentats commis par les sectes révolutionnaires à l'égard du vote libre et indépendant, la preuve évidente que la France n'est consentante à aucun des « faits » qu'on présente comme « accomplis » en son nom et par sa volonté.

Elle en appelle des élections frelatées, sophistiquées, maquignonnées, panamisées, à une Consultation vraiment libre, sérieusement indépendante, de toute la Nation.

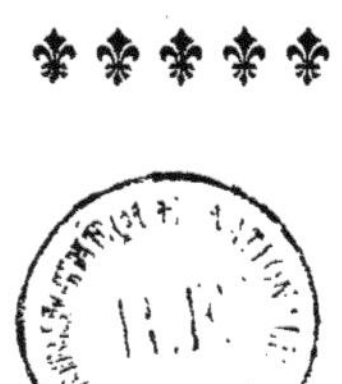

Paris. Imprimerie de
la Gazette de France,
rue Baillif, 1 *bis*.

SOMMAIRE

TEXTE

GRAVURES

Paris. Imprimerie de la **Gazette de France,** rue Baillif, 1 *bis.* 1893.

www.ingramcontent.com/pod-product-compliance
Ingram Content Group UK Ltd.
Pitfield, Milton Keynes, MK11 3LW, UK
UKHW020336130726
13696UKWH00003B/1378